Доктор Джерок Лі

Отець Мій Дасть Вам В Моє Ймення

*«Поправді, поправді кажу вам:
Чого тільки попросите ви від Отця
в Моє Ймення, Він дасть вам.
Не просили ви досі нічого в Ім'я Моє.
Просіть і отримаєте,
щоб повна була ваша радість».*

(Євангеліє від Івана 16:23-24)

Отець Мій дасть вам в Моє ймення, автор доктор Джерок Лі Lee
Опубліковано видавництвом Урім Букс (Представник: Kyungtae Noh)
73, Шіндебанзі 22, Донгйак Гу, Сеул, Корея
www.urimbooks.com

Авторські права заявлені. Цю книжку або будь-які уривки з неї забороняється відтворювати у будь-якій формі, зберігати у системі комп'ютера, зберігати у будь-якій формі та будь-яким способом: електронним, механічним, робити фотокопії, переписувати або користуватися для цього іншим способом без попереднього письмового дозволу видавця.

Якщо не написано інше, всі цитати із Біблії взяті з Біблії перекладу І.Огієнка.

Авторське право © 2015 Автор: Доктор Джерок Лі
ISBN: 979-11-263-0021-1 03230
Авторське право перекладу © 2011 Доктор Естер К. Чан.
Використовується за дозволом.

Раніше видано корейською мовою видавництвом «Урім букс» у 2009 році у м. Сеул, Корея

Перше видання: Листопад 2015

Редактор: Доктор Геумсун Він
Підготовано до друку редакційним бюро Урім Букс
Надруковано компанією «Євон Прінтін»
Для більш докладної інформації звертайтеся: urimbook@hotmail.com

Про книжку

«Поправді, поправді кажу вам: Чого тільки попросите ви від Отця в Моє Ймення, Він дасть вам» (Євангеліє від Івана 16:23).

Християнство – це віра, яка допомагає людям зустрітися з живим Богом і побачити Його справи через Ісуса Христа.

Оскільки Бог всемогутній, створив небо і землю, управляє історією всесвіту, а також життям, смертю, прокляттям і благословенням людини, Він відповідає на молитви Своїх дітей і бажає, щоби вони мали благословенне життя, гідне Божих дітей.

Кожна істинна дитина Божа має владу, покладену на неї як на Боже дитя. Відповідно до цієї влади людина повинна мати таке життя, у якому все можливо і ні в чому не має нестатку, а також насолоджуватись благословенними без жодної підстави мати злобу, заздрити або недовіряти іншим. Своїм життям, повним багатства, сили і успіху, ми повинні прославити Бога.

Щоби насолоджуватися благословенним життям, людина повинна добре розуміти закон духовного царства щодо Божих відповідей, а також отримувати все, про що вона просить Бога в ім'я Ісуса Христа.

Ця книжка – збірник проповідей, які були проголошені у минулому всім віруючим, особливо тим, хто без сумніву вірить у всемогутнього Бога і бажає мати життя, сповнене Божих відповідей.

В ім'я Господа нашого Ісуса Христа я молюся про те, щоби книжка *«Отець Мій дасть вам в Моє Ймення»* стала посібником, який дасть змогу всім читачам дізнатися про закон духовного царства щодо Божих відповідей, і зробить можливим отримати все, про що вони просять у молитві!

Всю подяку і славу я віддаю Богові за те, що Він зробив

можливою публікацію цієї книжки, яка містить у собі Його дорогоцінне слово, а також висловлюю щиру подяку всім, хто напружено працював над цією книжкою.

Джерок Лі

Зміст

Про книжку

Розділ 1

Способи отримання Божих відповідей·1

Розділ 2

Нам треба просити Його·15

Розділ 3

Духовний закон про Божі відповіді·25

Розділ 4

Зруйнувати стіну гріха·39

Розділ 5

Пожнете, що посіяли·51

Розділ 6

Ілля отримує Божу відповідь вогнем·65

Розділ 7

Як задовольнити бажання свого серця·75

Розділ 1

Способи отримання
Божих відповідей

1 Послання Івана 3:18-22

Діточки, любімо не словом, ані язиком, але ділом та правдою! Із цього довідуємось, що ми з правди, і впокорюєм наші серця перед Ним, бо коли винуватить нас серце, то Бог більший від нашого серця та відає все! Улюблені, коли не винуватить нас серце, то маємо відвагу до Бога, і чого тільки попросимо, одержимо від Нього, бо виконуємо Його заповіді та чинимо любе для Нього.

Одним із джерел великої радості для Божих дітей є той факт, що всемогутній Бог живий, Він відповідає на їхні молитви і все у їхньому житті робить на краще. Люди, які вірять у це, старанно моляться, щоби отримати те, про що вони просять Бога, і від усього серця прославити Його.

У 1 Посланні Івана 5:14 написано: *«І оце та відвага, що ми маємо до Нього, що коли чого просимо згідно волі Його, то Він слухає нас»*. Цей вірш нагадує нам про те, що якщо ми просимо відповідно до Божої волі, ми маємо право отримати від Нього все. Незалежно від того, наскільки лихим може бути батько, коли син просить хліба, він ніколи не дасть йому камінь, а коли просить рибу, він ніколи не дасть йому змію. Тоді що може завадити Богові дати Своїм дітям гарні дарунки, якщо вони просять Його?

Коли хананеянка, про яку написано в Євангелії від Матвія 15:21-28, прийшла до Ісуса, вона не лише отримала відповідь на свою молитву, але також задовольнила бажання свого серця. Незважаючи на те, що її дочка страждала, бо демон володів нею, мати попросила Ісуса зцілити її, тому що вірила, що все можливо тим, хто вірить. Що ви думаєте зробив Ісус для тієї язичниці, яка непохитно просила зцілити свою дочку? Як написано в Євангелії від Івана 16:23: *«Ні про що ж того дня ви Мене не спитаєте. Поправді, поправді кажу вам: Чого тільки попросите ви від Отця в Моє Ймення, Він дасть вам»*.

Побачивши віру жінки, Ісус у ту ж мить виконав її прохання: *«О жінко, твоя віра велика, нехай буде тобі, як ти хочеш!»* (Євангеліє від Матвія 15:28)

Якою дивовижною і прекрасною була Божа відповідь!

Якщо ми віримо в живого Бога, як Його діти, ми повинні прославляти Його, отримуючи все, про що ми просимо Його. За допомогою уривка, на якому заснований даний розділ книжки, давайте розглянемо, якими способами ми можемо отримувати Божі відповіді.

Ми повинні вірити в Бога, Котрий обіцяє відповісти

В Біблії Бог обіцяв нам, що безперечно дасть відповідь на наші молитви і прохання. Тому лише якщо ми не сумніваємося у цій обітниці, ми ревно просимо і отримуємо все, про що просимо Бога.

У Книзі Числа 23:19 написано: *«Бог не чоловік, щоб неправду казати, і Він не син людський, щоб Йому жалкувати. Чи ж Він був сказав і не зробить, чи ж Він говорив та й не виконає?»* В Євангелії від Матвія 7:7-8 Бог обіцяє нам: *«Просіть і буде вам дано, шукайте і знайдете, стукайте і відчинять вам; бо кожен, хто просить одержує, хто шукає знаходить, а хто стукає відчинять йому».*

В Біблії є багато віршів, в яких говориться про обітницю Бога, про те, що Він відповість нам, якщо ми попросимо відповідно до Його волі. Розглянемо декілька віршів:

«Через це говорю вам: Усе, чого ви в молитві попросите, вірте, що одержите, і сповниться вам» (Євангеліє від Марка 11:24).

«Коли ж у Мені перебувати ви будете, а слова Мої позостануться в вас, то просіть, чого хочете, і станеться вам!» (Євангеліє від Івана 15:7).

«І коли що просити ви будете в Імення Моє, те вчиню, щоб у Сині прославивсь Отець» (Євангеліє від Івана 14:13).

«І ви кликатимете до Мене, і підете, і будете молитися Мені, а Я буду прислуховуватися до вас. І будете шукати Мене, і знайдете, коли шукатимете Мене всім своїм серцем» (Книга Пророка Єремії 29:12-13).

«І до Мене поклич в день недолі, Я тебе порятую, ти ж прославиш Мене!» (Книга Псалмів 50:15).

Таку Божу обітницю ми зустрічаємо знов і знов у Старому та Новому Заповітах. Навіть якби в Біблії був лише один вірш щодо такої обітниці, ми би міцно тримався того вірша і молилися, щоби отримати відповіді від Бога. Однак оскільки таку обітницю можна знайти декілька разів в Біблії, ми повинні вірити в те, що Бог насправді живий і що Він учора. І сьогодні, і навіки Той Самий (Послання до євреїв 13:8).

Крім того, в Біблії багато говориться про благословенних чоловіків та жінок, які вірили в Боже Слово, просили і отримували відповіді. Ми повинні мати таку ж віру і серце тих людей, і жити так, щоби завжди отримувати Його відповіді.

Коли Ісус наказав розслабленому в Євангелії від Марка 2:1-12: *«Гріхи відпускаються тобі. Уставай, візьми ложе своє, та й іди у свій дім!»*, розслаблений встав, і негайно взяв ложе, – і вийшов перед усіма, так що всі дивувались і славили Бога.

В Євангелії від Матвія 8:5-13 розповідається про сотника, який прийшов до Ісуса просити про свого слугу, який лежав удома розслаблений, і тяжко страждав, і промовив до Господа: *«Промов тільки слово, – і видужає мій слуга»*. Ми знаємо, що коли Ісус сказав сотникові: «Іди, і як повірив ти, нехай так тобі й станеться!», слуга його тієї ж години одужав.

Хворий проказою в Євангелії від Марка 1:40-42 прийшов до Ісуса і благав Його і на коліна впадав: *«Коли хочеш, – Ти можеш очистити мене»*. Змилосердився Ісус і простяг руку Свою, і доторкнувся до нього, промовивши: *«Хочу, – будь чистий!»* Проказа зійшла з нього. І чистим він став.

Бог дозволяє всім людям отримувати все, про що вони просять Його в ім'я Ісуса Христа. Бог також бажає, щоби всі люди вірили у Того, Хто обіцяв відповісти на їхні молитви, щоби молилися незмінним серцем, не занепадали духом і ставали благословенними Божими дітьми.

Молитви, на які Бог не відповідає

Якщо люди вірять і моляться відповідно до Божої волі, живуть за Його Словом і вмирають, як гине зерно пшениці, Бог звертає увагу на їхнє серце і присвячення і відповідає на їхні молитви. Однак якщо існують люди, які не отримують відповіді від Бога незважаючи на свої молитви, якою може бути причина? Було багато людей в Біблії, які не отримували Божі відповіді незважаючи на те, що молилися. Дослідивши причини, через які люди не отримали відповідей від Бога, ми повинні дізнатися, яким чином ми можемо отримати від Нього відповіді.

По-перше, якщо ми укриваємо гріх у своєму серці і молимося, Бог говорить, що Він не відповість на наші молитви. У Псалмі 66:18 написано: *«Коли б беззаконня я бачив у серці своїм, то ГОСПОДЬ не почув би мене».* А у Книзі Пророка Ісаї 59:1-2 нам нагадується: *«Ото ж бо,*

ГОСПОДНЯ рука не скоротшала, щоб не помагати, і Його вухо не стало тяжким, щоб не чути, бо то тільки переступи ваші відділювали вас від вашого Бога, і ваші провини ховали обличчя Його від вас, щоб Він не почув». Оскільки ворог-диявол заважатиме нашій молитві через наш гріх, наша молитва буде марною і не досягне Божого престолу.

По-друге, якщо ми молимося без погодження зі своїми братами, Бог не відповість нам. Бо наш небесний Батько не простить нас, якщо ми не простимо своїм братам (Євангеліє від Матвія 18:35), наша молитва не дійде до Бога, і на неї не буде відповіді.

По-третє, якщо ми молимося для того, щоби задовольнити свої бажання, Бог не відповість на нашу молитву. Якщо ми нехтуємо Його славою, але замість того молимося відповідно бажань своєї гріховної природи, а також для того, щоби витратити те, що ми отримуємо від Нього, для власного задоволення, Бог не відповість нам (Послання Якова 4:2-3). Наприклад, для слухняної та старанної доньки батько дасть кишенькові гроші, коли б вона не попросила. Для неслухняної доньки, яка не любить вчитися, батько не захоче давати кишенькові гроші, бо відчуватиме, що вона може витратити їх на негарні цілі. Так само, якщо ми просимо про щось з негарними намірами, щоби задовольнити бажання гріховної природи,

Бог не відповідає нам, тому що ми можемо стати на шлях, який приведе нас до загибелі.

По-четверте, ми не повинні ні молитися, ані звертатися до ідолопоклонників (Книга Пророка Єремії 11:10-11). Тому що Бог понад усе має відразу до ідолів, ми лише повинні молитися за спасіння тих людей. Будь-яка інша молитва або прохання за них або від їхнього імені залишиться без відповіді.

По-п'яте, Бог не відповідає на молитву, яка сповнена сумнівів, тому що ми можемо отримувати відповіді від Бога лише якщо віримо і не сумніваємося (Послання Якова 1:6-7). Я впевнений, що ви були свідками зцілення невиліковних хвороб та вирішення на перший погляд неймовірних проблем, коли люди просили Бога втрутитися. Це тому, що Бог сказав нам: *«Поправді кажу вам: Як хто скаже горі цій: Порушся та й кинься до моря, і не матиме сумніву в серці своїм, але матиме віру, що станеться так, як говорить, то буде йому!»* (Євангеліє від Марка 11:23) Ви повинні знати, що ви не отримаєте відповідь на молитву, якщо сумніваєтеся, і лише молитва, яка відповідає Божій волі, приносить незаперечне відчуття упевненості.

По-шосте, якщо ми не виконуємо Божі заповіді, ми не отримаємо відповідь на свою молитву. Якщо ми виконуємо

Божі заповіді і чинимо любе для Нього, Біблія говорить, що ми маємо відвагу до Бога, і чого тільки попросимо, одержимо від Нього (1 Послання Івана 3:21-22). У Книзі Приповістей 8:17 написано: *«Я кохаю всіх тих, хто кохає мене, хто ж шукає мене – мене знайде!»* Люди, які додержують Його заповіді і люблять Бога, (1 Послання Івана 5:3) неодмінно отримають відповідь на свої молитви.

По сьоме, ми не можемо отримати Божих відповідей, якщо не будемо сіяти. Бо у Посланні до галатів 6:7 написано: *«Не обманюйтеся, Бог осміяний бути не може. Бо що тільки людина посіє, те саме й пожне!»* А у 2 Посланні до коринтян 9:6 написано: *«Хто скупо сіє, той скупо й жатиме, а хто сіє щедро, той щедро й жатиме!»* Хто не сіє, той і не жатиме. Якщо людина сіє молитву, добре буде вестися її душі, якщо сіє пожертвування – отримає фінансові благословення, якщо сіє своїми справами – отримає благословення гарним здоров'ям. Коротше кажучи, ви повинні сіяти те, що бажаєте пожати, і сіяти таким чином, щоби отримати Божі відповіді.

Крім вищезгаданих умов, якщо люди не моляться в ім'я Ісуса Христа, або не моляться від щирого серця, або лише бурмочуть, вони не отримають відповідь на молитву. Через незгоду між чоловіком та дружиною (1 Послання Петра 3:7), або через непокору вони не отримають відповідей від Бога.

Ми завжди повинні пам'ятати, що такі умови створюють стіну між нами і Богом. Бог відверне Своє лице від нас і не відповість на наші молитви. Тому ми спершу повинні шукати Царства Божого і правди Його, звертатися до Нього у молитві, щоби задовольнити бажання свого серця і завжди отримувати від Нього відповіді, з твердою вірою прямуючи до кінця.

У чому полягає секрет отримання відповідей на молитву?

На початковій стадії життя людини у Христі її можна порівняти з немовлям. У той період Бог відповідає на молитви одразу. Оскільки людина ще не знає всієї істини, якщо вона застосовує Боже Слово і потроху вчиться, Бог відповідає їй як дитині, яка просить молока, і веде її на зустріч з Богом. Постійно чуючи і розуміючи істину, людина виростає із стадії «дитини, що починає ходити», і, в залежності від того, як вона буде застосовувати істину, Бог відповідатиме їй. Якщо особа духовно виросла зі стадії «дитини», але продовжує грішити і не живе за Словом, вона не може отримувати відповіді від Бога, хоча її освячення завершилося.

Тому для того, щоби люди, які не отримали відповіді від Бога, отримали їх, їм необхідно спочатку покаятися, відвернутися від своїх гріхів і почати жити у покорі і за

Божим Словом. Якщо вони житимуть в істині після покаяння, Бог дасть їм дивовижні благословення. Йов мав віру, яку він зберігав як знання. Спочатку він нарікав на Бога, коли горе і нещастя спіткали його. Після того, як він зустрів Бога і покаявся, він простив своїх товаришів і жив за Божим словом. У відповідь Бог благословив Йова двічі від попередніх благословень (Книга Йова 42:5-10).

Йону проковтнула велика риба через його непокору Божому наказу. Однак коли він помолився, покаявся і подякував Богові у своїй молитві віри, Бог звелів рибі, – і вона викинула Йону на суходіл (Книга Пророка Йони 2:1-10).

Коли ми відвертаємося від своїх шляхів, каємося, живемо за волею Отця, ворог-диявол приходить до вас з однієї сторони, а тікає – у сім різних боків. Безумовно, хвороби, проблеми з дітьми, фінансові проблеми будуть вирішені. Чоловік, який переслідував свою дружину, перетвориться на доброго чоловіка, і родина, що розливає аромат Христа, прославить Бога.

Якщо ми відвернулися від своїх шляхів, покаялися і отримали відповіді від Бога на свої молитви, ми повинні прославити Бога, засвідчивши свою радість. Якщо ми догоджаємо Богові і прославляємо Його, Бог не лише прославляється і радіє, але також бажає запитати нас: «Що Я можу дати вам?»

Припустимо мати подарувала синові подарунок, а син зовсім не подякував. Матусі більше не захочеться нічого йому дарувати. Однак якщо син подякував за подарунок і догодив своїй матусі, вона буде задоволена, захоче дарувати більше подарунків своєму синові і готуватиметься до цього. Так само ми отримаємо від Бога набагато більше, якщо прославлятимемо Його, пам'ятаючи, що наш Бог-Отець радіє, коли Його діти отримують відповіді на свої молитви, і дає ще більше подарунків тим, хто свідчить про Його відповіді.

Давайте просити відповідно до Божої волі, являти Йому свою віру і відданість, і отримувати від Нього все, про що попросимо. Являти Богові Свою віру і відданість може здатися нелегким завданням з людської точки зору. Однак лише після того, як ми позбудемося тяжких гріхів, які протистоять істині, затримаємо свій погляд на вічних небесах, отримуватимемо відповіді на свої молитви і збиратимемо свої нагороди у Небесному Царстві, наше життя сповниться вдячності, радості і дійсно буде вартим. Крім того, наше життя буде більш благословенним, тому що зникнуть негаразди, горе і страждання, і ми відчуємо справжній спокій, коли Бог управлятиме нашим життям і оберігатиме нас.

В ім'я Господа нашого Ісуса Христа я молюся про те, щоби ви з вірою просили про все, чого бажаєте, щиро молилися, боролися з гріхом і виконували Божі заповіді, щоби отримати все, про що просите, щоби догоджали

Богові в усьому і прославляли Його!

Розділ 2

Нам треба просити Його

Книга Пророка Єзекіїля 36:31-37

І згадаєте ви про ваші дороги лихі та про ваші вчинки, що не добрі, і будете бридитися самих себе за свої провини та за гидоти свої. Не для вас Я це робитиму, говорить ГОСПОДЬ Бог, нехай буде це вам відоме! Зашарійтеся та посоромтеся ваших доріг, Ізраїлів доме! Так говорить ГОСПОДЬ Бог: Того дня, коли Я очищу вас зо всіх ваших провин, то позаселюю ці міста, і будуть забудовані руїни. А спустошена земля буде оброблювана за те, що була спустошенням на очах кожного перехожого. І скажуть: Цей опустошілий Край став як той еденський садок, а ці міста, повалені й попустошені та поруйновані, тепер укріплені та замешкані! І пізнають народи, які зостануться навколо вас, що Я, ГОСПОДЬ, забудував поруйноване, засадив спустошіле. Я, ГОСПОДЬ, говорив це і зробив! Так говорить ГОСПОДЬ Бог: Ще на це прихилюся до Ізраїлевого дому, щоб зробити їм: помножу їх, як людську отару!

В усіх шістдесяти шести книгах Біблії Бог, Який учора, і сьогодні, і навіки Той Самий, (Послання до євреїв 13:8) свідчить про той факт, що Він живий і дієвий. Для всіх, хто повірив у Його Слово і був покірний у часи Старого, Нового Заповіту і у наш час, Бог явив свідоцтва Своєї роботи.

Бог, Творець всього у всесвіті, Правитель життя, смерті, прокляття і благословення людства, дав обітницю «благословити» нас (Книга Повторення Закону 8:5-6), якщо ми віритимемо і будемо покірними Його наказам, записаним в Біблії. Якщо ми дійсно віримо у цей дивовижний факт, чи може нам чогось не вистачати, чи можемо ми чогось не отримати? У Книзі Числа 23:19 написано: *«Бог не чоловік, щоб неправду казати, і Він не син людський, щоб Йому жалкувати. Чи ж Він був сказав і не зробить, чи ж Він говорив та й не виконає?»* Невже Бог говорить і не діє? Невже Він обіцяє і не виконує? Крім того, оскільки Ісус пообіцяв нам в Євангелії від Івана 16:23: *«Поправді, поправді кажу вам: Чого тільки попросите ви від Отця в Моє Ймення, Він дасть вам»*, Божі діти дійсно благословенні.

Отже, звичайним для Божих дітей є життя, коли вони отримують все, про що просять, і прославляють свого небесного Отця. Чому тоді більшість християн не мають такого життя? За допомогою уривку, на якому заснований даний розділ, давайте розглянемо, яким чином ми завжди можемо отримувати Божі благословення.

Бог сказав – і зробив, але нам все рівно необхідно просити Його

За рішенням Бога народ Ізраїлю отримав багаті благословення. Їм було обіцяно, що якщо вони будуть слухатися голосу Господа, Бога свого, щоб додержувати виконання всіх Його заповідей, Він поставить їх вище за всі народи на землі, дозволить ворогам, які постануть проти них, будуть побиті перед ними, і благословить все, чого доторкнеться їхня рука (Книга Повторення Закону 28:1, 7, 8). Такі благословення отримав народ Ізраїлю, коли слухалися Божого Слова, але коли вони чинили неправду, не виконували Закон і поклонялися ідолам, зійшов на них гнів Божий, і вони потрапили у полон, а земля їхня була зруйнована.

У той час Бог сказав Ізраїльтянам, що якщо вони покаються і відвернуться від своїх нечестивих шляхів, Він засадить спустошіле і забуде поруйноване. Крім того, Бог промовив: *«Я, ГОСПОДЬ, говорив це – і зробив! Ще на це прихилюся до Ізраїлевого дому, щоб зробити їм»* (Книга Пророка Єзекіїля 36:36-37).

Чому Бог пообіцяв Ізраїлю, що Він діятиме, а також що їм також необхідно буде «просити» Його?

Незважаючи на те, що Бог знає, чого ми потребуємо, ще раніше за наше прохання (Євангеліє від Матвія 6:8), Він також сказав нам: *«Просіть – і буде вам дано... Бо кожен, хто просить – одержує... Скільки ж більше Отець ваш*

Небесний подасть добра тим, хто проситиме в Нього» (Євангеліє від Матвія 7:7-11).

Крім того, як говорить нам Бог через Біблію, нам необхідно просити і покликувати до Нього, щоби отримати Його відповіді (Книга Пророка Єремії 33:3; Євангеліє від Івана 14:14), Божі діти, які щиро вірять у Його слово, повинні просити Бога незважаючи на те, що Він сказав, що буде діяти.

З одного боку, коли Бог говорить: «Я зроблю це», якщо ми віримо і виконуємо Його слово, ми отримаємо відповіді. З іншого боку, якщо ми сумніваємося, випробовуємо Бога і не дякуємо Йому, але замість того нарікаємо на часи випробувань і страждань, якщо ми не віримо в Божу обітницю, ми не можемо отримати Божі відповіді. Навіть якщо Бог пообіцяв: «Я зроблю це», ця обітниця може здійснитися лише якщо ми тримаємося тієї обітниці у молитві і у своїх діях. Неможливо сказати, що людина має віру, якщо вона не просить, але просто очікує на обітницю і каже: «Оскільки Бог сказав так, то так воно і буде». Така людина не зможе отримати Божих відповідей, тому що вона не діє.

Ми повинні просити, щоби отримати Божі відповіді

По-перше, ви повинні молитися, щоби зруйнувати стіну, що стоїть між вами і Богом.

Коли Даниїл потрапив у полон до Вавилону після падіння Єрусалиму, він натрапив на тексти, в яких було пророцтво Єремії, і дізнався про те, що спустошення Єрусалиму відбуватиметься протягом сімдесяти років. Протягом тих сімдесяти років, як дізнався Даниїл, Ізраїль служитиме вавилонському цареві. Однак після закінчення сімдесяти років вавилонський цар, його царство і край халдейський будуть прокляті і спустошені назавжди через їхні гріхи. Хоча Ізраїльтяни знаходилися у вавилонському полоні у той час, пророцтва Єремії про те, що вони стануть незалежними і повернуться у рідний край після сімдесяти років, стали джерелом радості і розради для Даниїла.

Однак Даниїл не розділяв своєї радості зі своїм народом, хоча з легкістю міг це зробити. Замість того Даниїл поклявся благати Бога у молитві, у пості, у веретищі та в попелі. І він покаявся у своїх гріхах, а також у гріхах Ізраїльського народу, за те, що вони чинили беззаконня, бунтували і відверталися від Його заповідей та від постанов (Книга Пророка Даниїла 9:3-19).

Бог явив через пророка Єремію не те, як завершиться вавилонський полон Ізраїльського народу. Він лише пророкував про кінець полону через сімдесят років. Даниїл знав закон духовного царства, хоча він добре знав, що спочатку треба зруйнувати стіну, яка стоїть між народом Ізраїлю і Богом, щоби здійснилося Боже слово. Таким чином Даниїл явив свою віру у дії. Оскільки Даниїл постив і каявся, за себе і за весь народ Ізраїльський, у беззаконнях, які вони вчинили проти Бога, за що вони були пізніше прокляті, Бог зруйнував ту стіну, відповів Даниїлу, дав народові «сімдесят років-тижнів», і відкрив йому інші таємниці.

Ставши Божими дітьми, які просять відповідно до Божого слова, ми повинні розуміти, що перед тим як ми отримаємо відповіді на свої молитви, необхідно зруйнувати стіну гріха, і руйнування цієї стіни повинно стати для нас першочерговим завданням.

По-друге, ми повинні молитися з вірою і покорою.
У Книзі Вихід 3:6-8 ми читаємо про Божу обітницю народові Ізраїля, який у той час перебував в єгипетському полоні, що Він виведе їх з Єгипту у ханаанський Край, що тече молоком та медом. Ханаан – це край, який Бог пообіцяв дати народові Ізраїля на спадщину (Книга Вихід 6:8). Він присяг дати той Край їхнім нащадкам і наказав їм вийти з полону (Книга Вихід 33:1-3). Саме в Обіцяній Землі Бог наказав народові Ізраїльському зруйнувати всіх ідолів і попередив, щоби вони не укладали угоду з людьми, які жили у тій землі і мали своїх богів, щоби Ізраїльтяни не створили пастку між собою і Богом. То була обітниця Бога, Який завжди виконує Свої обітниці. Тоді чому Ізраїльтяни не змогли увійти у ханаанський Край?

Не маючи віри в Бога і у Його силу, народ Ізраїльський нарікав на Нього (Книга Числа 14:1-3) і не корився Йому, а тому не зміг увійти у ханаанський Край, хоча стояв на його порозі (Книга Числа 14:21-23; Послання до євреїв 3:18-19). Тобто, незважаючи на те, що Бог пообіцяв дати Ізраїльтянам ханаанський Край, та обіцянка була непотрібною, тому що вони не вірили в Бога та не корилися Йому. Якби вони насправді вірили в Бога і слухалися Його, та обітниця неодмінно би здійснилася. Зрештою лише Ісус Навин і Калев, які вірили у Боже слово, а також нащадки Ізраїльтян, могли увійти до ханаанського Краю (Книга Ісуса Навина 14:6-12). Зважаючи на історію Ізраїльського народу, давайте пам'ятати про те, що ми можемо отримати відповіді від Бога лише якщо попросимо Його, маючи віру в Його обітницю і слухаючись Його, і отримати Його відповіді, попросивши Його з вірою.

Хоча сам Мойсей щиро вірив у Божу обітницю дати народові ханаанський Край, оскільки Ізраїльтяни не вірили у Божу силу, навіть йому було заборонено увійти до Обіцяної Землі. Часом Божа робота виконується у відповідь на віру однієї людини, а інколи необхідна віра всіх людей, щоби проявилася Його дія. Для входу в ханаанський Край Богові необхідна була віра всього Ізраїльського народу, а не одного Мойсея. Однак, не знайшовши такої віри в народі, Бог не дозволив їм увійти до ханаанського Краю. Запам'ятайте, що коли Бог шукає віру не лише однієї особи, але всіх, всі люди повинні молитися з вірою і покорою, поєднатися для того, щоби отримати Його відповіді.

Коли жінка, яка протягом 12 років страждала від кровотечі, одужала, торкнувшись одягу Ісуса, Він запитав: *«Хто доторкнувсь до Моєї одежі?»* і дозволив їй свідчити про своє одужання перед усіма, хто зібрався навкруг (Євангеліє від Марка 5:25-34).

Коли будь-яка особа свідчить про те, що Бог зробив у її житті, це допомагає іншим зростати у вірі, дає силу перетворюватися на людей молитви, які просять і отримують Його відповіді. Отримання Божих відповідей за вірою дає можливість невіруючим отримати віру і зустрітися з живим Богом. Це дійсно чудовий спосіб прославити Бога.

Маючи віру і покору до слова благословення, записаного в Біблії, а також пам'ятаючи про те, що нам неодмінно треба просити, незважаючи на те, що Бог пообіцяв нам: «Я промовив і виконаю», давайте завжди отримувати Його відповіді, ставати Його благословенними дітьми і прославляти Бога всім серцем.

Розділ 3

Духовний закон про Божі відповіді

Євангеліє від Луки 22:39-46

І Він [Ісус] вийшов, і пішов за звичаєм на гору Оливну. А за Ним пішли учні Його. А прийшовши на місце, сказав їм: Моліться, щоб не впасти в спокусу. А Він Сам, відійшовши від них, як докинути каменем, на коліна припав та й молився, благаючи: Отче, як волієш, пронеси мимо Мене цю чашу! Та проте не Моя, а Твоя нехай станеться воля!... І Ангол із неба з'явився до Нього, і додавав Йому сили. А як був у смертельній тривозі, ще пильніш Він молився. І піт Його став, немов каплі крови, що спливали на землю... І, підвівшись з молитви, Він до учнів прийшов, і знайшов їх, що спали з журби... І промовив до них: Чого ви спите? Уставайте й моліться, щоб не впасти в спокусу!

Божі діти отримують спасіння і мають право отримати від Бога все, про що вони просять з вірою. Тому в Євангелії від Матвія 21:22 ми читаємо: *«І все, чого ви в молитві попросите з вірою, то одержите».*

Однак багато людей дивуються, чому вони не отримують Божі відповіді після молитви, сумніваються, чи дійшла їхня молитва до Бога, та чи почув Він її.

Саме як нам необхідно знати правильні способи і маршрути для безпечної подорожі до певного місця призначення, лише коли ми дізнаємося про належні способи і курс молитви, ми можемо отримати швидкі відповіді від Нього. Сама по собі молитва не гарантує отримання Божих відповідей. Ми повинні вивчити закон духовного царства щодо Його відповідей і молитися відповідно до цього закону.

Пропоную розглянути закон духовного царства про Божі відповіді і його взаємодію з сімома Божими духами.

Закон духовного царства про Божі відповіді

Оскільки молитва – це прохання всемогутнього Бога про все, чого ми бажаємо і чого потребуємо, ми можемо отримати відповіді від Нього лише якщо попросимо Його відповідно закону духовного царства. Жодні зусилля людини, засновані на її розумінні, способах, славі або знаннях, не забезпечать її Божими відповідями.

Оскільки Бог – справедливий Суддя (Книга Псалмів

7:12), Він чує наші молитви і відповідає на них, натомість Йому необхідно отримати від нас певну суму. Божі відповіді на наші молитви можна порівняти з купуванням м'яса у м'ясника. Якщо уподібнити Бога до м'ясника, тоді терези, якими він користується, стануть пристроєм, за допомогою якого Бог вимірює, засновуючись на законі духовного царства, незважаючи на те, чи може хтось отримати Божі відповіді.

Припустимо, ми пішли до м'ясника, щоби купити кілограм яловичини. Коли ми попросимо продати нам потрібну кількість, м'ясник зважить м'ясо, щоби дізнатися, чи важить воно стільки, скільки нам потрібно. Якщо м'ясо на терезах важить один кілограм, м'ясник отримає від нас належну суму грошей за один кілограм, загорне товар і віддасть його нам.

Так само коли Бог відповідає на наші молитви, Він неодмінно отримує щось від нас у відповідь, що гарантує Його відповіді. Це закон духовного царства про Божі відповіді.

Бог чує нашу молитву, отримує від нас дещо, що має належну цінність, і потім відповідає нам. Якщо хтось досі не отримав відповідь від Бога на свою молитву, це тому що він досі не подав Богові належну суму за Його відповіді. Оскільки сума, що необхідна за отримання Божих відповідей може бути різною, в залежності від суті нашої молитви, доки людина не отримає віру, за допомогою якої вона може отримати Божі відповіді, вона повинна продовжувати молитися і збирати необхідну суму. Незважаючи на те, що ми не знаємо точно, якою має бути належна сума, яка необхідна Богові, Він відповідає нам. Тому якщо ми уважніше прислухаємося до голосу Святого Духа, ми повинні попросити Бога про дещо з постом, дещо – з нічною молитвою обітниці, дещо – зі сльозами, а дещо – з подякою і пожертвуванням. Завдяки таким крокам ви назбираєте суму, що необхідна для отримання Божих відповідей, оскільки Бог дає нам віру і благословляє нас Своїми відповідями.

Навіть якщо двоє людей погодилися і розпочали молитву обітниці, одна людина отримає відповідь одразу під час молитви, а інша – не отримає навіть і після її завершення. Як можна пояснити таку невідповідність? Оскільки Бог мудрий і планує заздалегідь, якщо Він визнає, що людина має серце, яке продовжить молитися доки не закінчиться час молитви обітниці, Він дасть відповідь на прохання у ту ж мить. Однак якщо людина не може отримати Божі відповіді на проблему, яка спіткає її саме зараз, це тому що ця людина не віддала Богові належну суму за Його відповіді. Якщо ми даємо обітницю молитися протягом певного часу, ми повинні знати, що Бог направляв наше серце, так щоби отримати від нас належну суму молитви за Свої відповіді. Тому якщо ми не можемо зібрати таку суму, ми не зможемо отримати Божі відповіді.

Наприклад, якщо чоловік молиться про свою майбутню

дружину, Бог знайде для нього наречену і зробить так, що Він все зробить на добро у його житті. Це не означає, що наречена постане перед ним незважаючи на те, що він ще не досяг належного віку для одруження, лише тому що він помолився про неї. Тому що Бог відповідає тим, хто вірить, що отримає Його відповіді, у час Його вибору Він явить їм Свою роботу. Однак якщо молитва людини не співпадає з Його волею, Бог не дасть Своєї відповіді незалежно від кількості молитов. Якщо той самий чоловік молився за те, щоби його майбутня наречена мала певну освіту, зовнішність, багатство, репутацію і таке інше, тобто його молитва була насичена жадібністю, яка походить від його розуму, Бог не відповість йому.

Навіть якщо двоє молилися Богові про одну і ту ж проблему, вони відрізняються за освяченням і мірою віри. Отже їхня молитва відрізнятиметься (Книга Об'явлення 5:8). Людина може отримати Божі відповіді через місяць, а інша – у той же день.

Крім того, чим важливіші Божі відповіді на молитву людини, тим більше вона повинна молитися. Відповідно до закону духовного царства великий посуд перевірятиметься більше і стає золотим, а малий перевірятиметься на менших терезах і його менше використовуватиме Бог. Тому жоден не може судити інших, кажучи: «Подивіться на всі його труднощі незважаючи на його вірність!» і тим розчаровувати Бога. Серед наших праотців віри Мойсей піддавався випробуванню протягом 40 років, а Яків

– протягом 20 років. І ми знаємо, яким гарним посудом став кожен з них в очах Бога, і як Він використовував їх для Своїх великий цілей після того як вони пережили відповідні випробування. Подумайте про процес формування і тренування футбольної команди. Якщо майстерність одного гравця варта, щоби записати його у список, лише після того, як він проведе більше часу на тренувальному майданчику і докладе більших зусиль, він зможе представляти свою країну.

Незалежно від того, яку відповідь ми очікуємо отримати від Бога, велику чи малу, для цього ми повинні зворушити Його серце. Під час молитви, якщо ми хочемо отримати те, про що просимо, Бог буде зворушений і відповість нам, якщо ми дамо Йому належну суму у молитві, очистимо своє серце, щоби не мати стіни гріха між нами і Богом, віддячити Йому, передати свою радість, пожертвування та інше на знак нашої віри у Нього.

Зв'язок між законом духовного царства і сімома духами

Як ми раніше розглядали у прикладі з м'ясником і його терезами, відповідно до закону духовного царства, Бог безпомилково вимірює молитву кожної людини і визначає, чи зібрала та людина належну суму молитви. Тоді як більшість людей судять про особливий предмет лише за явними ознаками, Бог робить точну оцінку за допомогою семи Божих духів (Книга Об'явлення 5:6). Інакше кажучи, якщо сім духів визнали, що людина має право, Бог відповідає на її молитву.

Що вимірюють сім духів?

По-перше, сім духів вимірюють віру людини.
Віра розділяється на «духовну» і «тілесну». Сім духів вимірюють не віру-обізнаність, тілесну віру, але духовну віру, живу, що супроводжується справами (Послання Якова 2:22). Наприклад, в Євангелії від Марка 9 розповідається про батька, чий син був одержимий демонами, які зробили його німим. Той батько звернувся до Ісуса (Євангеліє від Марка 9:17). Батько промовив: «Вірую, Господи, – поможи недовірству моєму!» Ісус відповів йому у ту ж мить і вздоровив хлопчика (Євангеліє від Марка 9:18-27).

Без віри догодити Богові не можна (Послання до євреїв 11:6). Однак оскільки ми можемо виконати бажання свого серця коли догоджаємо Йому, маючи віру, яка догоджає Богові, ми можемо виконати бажання свого серця. Тому якщо ми не отримуємо Божі відповіді, хоча Він сказав: «Як повірив ти, нехай так тобі й станеться!», це означає, що наша віра ще неповна.

По-друге, сім духів вимірюють радість людини.
У 1 Посланні до солунян 5:16 написано, щоби ми завжди раділи. Тобто Божа воля для нас, щоби ми завжди

раділи. Замість того, щоби радіти у тяжкі часи, багато християн у наш час відчувають обмеження, тривогу, страх і занепокоєння. Якщо вони дійсно вірять у живого Бога всім своїм серцем, вони завжди можуть радіти незважаючи на ситуацію, у якій вони опинилися. Вони можуть радіти, маючи палке бажання потрапити до Небесного Царства, і не покладатися на цей світ, який мине за короткий час.

По-друге, сім духів вимірюють молитву людини.

Оскільки Бог наказує нам молитися безперестанку (1 Послання до солунян 5:17) і обіцяє дати тим, хто просить Його (Євангеліє від Матвія 7:7), зрозуміло, щоби отримати щось від Бога, нам необхідно молитися. Молитва, яка догоджає Богові, повинна бути для нас звичною справою (Євангеліє від Луки 22:39), і схиляти коліна для молитви співпадає з волею Бога. Маючи таке ставлення і перебуваючи у такій позі, ми безумовно будемо звертатися до Бога всім серцем, і наша молитва буде сповнена віри і любові. Бог вислухає таку молитву. Ми не повинні молитися лише для того, щоби отримати щось або якщо ми сумуємо і можемо лише пробубоніти якісь слова, але молитися відповідно до Божої волі (Євангеліє від Луки 22:39-41).

По-четверте, сім духів вимірюють вдячність людини.

Бог наказав нам подяку складати за все (1 Послання

до солунян 5:18), кожна особа, яка має віру, повинна щиро дякувати за все. Оскільки Бог зрушив нас зі шляху загибелі, щоби ми стали на шлях вічного життя, невже ми не будемо вдячними за це? Ми повинні бути вдячними за те, що Бог приймає тих, хто щиро шукає Його, і відповідає тим, хто просить Його. Крім того, навіть якщо ми постанемо перед труднощами під час нашого короткого земного життя, ми повинні бути вдячними, оскільки маємо надію на вічні небеса.

По-п'яте, сім духів вимірюють, чи виконує людина Божі заповіді.

У 1 Посланні Івана 5:2 написано: *«Що ми любимо Божих дітей, дізнаємося з того, коли любимо Бога і Його заповіді додержуємо»*, і Божі заповіді не тяжкі (1 Послання Івана 5:3). Постійна молитва людини на колінах і звернення до Бога – це молитва любові, яка походить від віри людини. Маючи віру і любов до Бога, людина молитиметься відповідно до Його слова.

Однак багато людей нарікають на те, що Бог не відповідає, коли вони прямують на захід, тоді як Біблія говорить їм іти «на схід». Вони мають лише повірити у те, що написано в Біблії і скоритися. Оскільки вони легко відкладають у бік Боже слово, оцінюють кожну ситуацію відповідно до власних думок і теорій, і моляться заради власної вигоди, Бог відвертає Своє Лице від них і не відповідає. Припустимо, ви пообіцяли зустріти свого товариша на вокзалі у Нью-Йорку, але пізніше зрозуміли, що вам зручніше буде їхати автобусом, і ви поїхали до Нью-Йорка на автобусі. Як би довго ви не чекали на автобусній станції, ви ніколи не зустрінете там свого товариша. Якщо ви поїхали на захід, хоча Бог наказав вам «прямувати на схід», неможливо стверджувати, що ви послухалися Його. Все-таки дуже сумно бачити, що дуже багато християн мають саме таку віру. Вони не мають ні віри, ані любові. Якщо ми говоримо, що любимо Бога, ми, звичайно, будемо виконувати Його заповіді (Євангеліє від Івана 14:15; 1 Послання Івана 5:3).

Любов до Бога змусить вас молитися, що приведе вас до завзятішої і старанішої молитви. Це у свою чергу принесе плід спасіння душ і євангелізації, а також досягнення Божого Царства і правди Його. І ваша душа процвітатиме, і ви отримаєте силу молитви. Оскільки ви отримаєте відповідь і прославите Бога, а також тому що ви вірите, за все це ви отримаєте нагороду на небесах, ви будете вдячними і ніколи не будете стомлюватися. Отже, якщо ми сповідуємо свою віру в Бога, для нас звичайним буде виконувати десять заповідей, що є коротким викладом шістдесяти-шести книг Біблії.

По-шосте, сім духів вимірюють віру людини.

Бог бажає, щоби ми були вірними не у чомусь одному, але в усьому Його домі. Крім того, як написано у 1 Посланні до коринтян 4:2: *«А що ще шукається в доморядниках, – щоб кожен був знайдений вірним»*, належно тим, хто має обов'язки, які дав їм Бог, просити, щоби Бог укріпив їх, щоби вони були вірними в усьому і щоби на них могли покладатися оточуючі. Крім того, вони повинні просити, щоби бути вірними вдома та на роботі. І, намагаючись бути вірними в усьому, що вони роблять, їхня віра повинна досягти істини.

По-сьоме, останнє, сім духів вимірюють любов людини.

Навіть якщо людина має всі характеристики, що були згадані вище, Бог говорить, що без любові ми – «ніщо», а «бубон гудячий», і найбільшою серед віри, надії і любові є любов. Крім того, Ісус виконав закон у любові (Посланні до римлян 13:10), і оскільки ми – Його діти, для нас єдиним правильним буде любити один одного.

Щоби отримати Божі відповіді на наші молитви, ми спершу повинні мати якості відповідно до стандартів семи духів. Чи означає це, що нові віруючі, які ще не до кінця знають істину, не можуть отримати Божі відповіді?

Припустимо, маленька дитина, яка не може говорити, одного дня чітко вимовляє: «Мама!» Батьки будуть щасливі і дадуть дитині все, що вона забажає.

Так само оскільки існують різні рівні віри, сім духів вимірюють кожен з них і дають свою відповідь. Тому Бог зворушений і радий відповісти новонаверненому, коли він являє навіть невелику віру. Бог зворушений і радий відповісти, коли віруючі, які перебувають на другому або на третьому рівні віри накопичили відповідну міру віри. Віруючі, які перебувають на четвертому або п'ятому рівні віри, живучи за волею Бога і молячись до Нього належним чином, одразу здобувають вищу оцінку в очах семи духів і швидше отримують Божі відповіді.

Загалом, чим вищий рівень людини, коли вона більше обізнана у законі духовного царства і живе за ним, тим швидше вона отримає Божі відповіді. Однак чому новонавернені часто швидше отримують відповіді від Бога? Від благодаті, яку він отримує від Бога, новонавернена людина сповнюється Святим Духом і має право в очах семи духів швидше отримати відповіді від Бога.

Однак коли людина більше дізнається про істину, вона стає лінивою і поступово втрачає першу любов, оскільки завзятість зменшується і розвивається схильність «робити все за звичкою».

Маючи завзяття до Бога, давайте станемо справжніми перед очима семи духів, старанно живучи за істиною, отримувати від Отця все, про що ми просимо у молитві, і жити благословенним життям, яким ми прославляємо Його!

Розділ 4

Зруйнувати стіну гріха

Isaías 59:1-2

Ото ж бо, ГОСПОДНЯ рука не скоротшала, щоб не помагати, і Його вухо не стало тяжким, щоб не чути, бо то тільки переступи ваші відділювали вас від вашого Бога, і ваші провини ховали обличчя Його від вас, щоб Він не почув.

В Євангелії від Матвія 7:7-8 Бог говорить Своїм дітям: *«Просіть і буде вам дано, шукайте і знайдете, стукайте і відчинять вам; бо кожен, хто просить одержує, хто шукає знаходить, а хто стукає відчинять йому»*. Він обіцяє відповісти на молитви. Однак чому багато людей не можуть отримати Божі відповіді на свої молитви незважаючи на Його обітницю?

Бог не чує молитву грішників. Він відвертає Своє обличчя від них. Він також не може відповісти на молитву людей, які мають стіну гріха між собою і Богом. Тому щоби мати гарне здоров'я і щоби все було добре з нами, щоби наша душа процвітала, нашим найпершим завданням має бути зруйнувати стіну гріха, яка перешкоджає нам спілкуватися з Богом.

Вивчаючи різноманітні елементи, з яких будувалася стіна гріха, я спонукаю вас, щоби ви стали благословенними Божими дітьми, які покаялися у своїх гріхах, якщо між вами і Богом дійсно існує стіна гріха, щоби ви отримали все, про що просите Бога в молитві, і прославили Його.

Зруйнувати стіну гріха: невіру в Бога і неприйняття Господа своїм Спасителем

В Біблії написано, що кожна людина, яка не вірить в Бога і не приймає Ісуса Христа своїм Спасителем, грішить (Євангеліє від Івана 16:9). Багато людей говорить: «Я безгрішний, бо живу гарним життям». Але через духовну необізнаність вони висловлюються подібним чином, не розуміючи природи гріха. Оскільки Боже слово не живе в їхньому серці, ці люди не бачать різниці між правдою і неправдою і не можуть відрізнити добро від зла. Крім того, не знаючи істинної праведності, якщо стандарти цього світу говорять їм: «Ти не такий вже й поганий», вони без застереження можуть сказати, що вони хороші. Незалежно від віри людини у те, що вона жила гарним життям, якщо вона погляне на своє життя у світлі Божого слова після того, як прийме Ісуса Христа, вона дізнається, що її життя зовсім не було «гарним». Тому що вона зрозуміє, що невіра в Бога і неприйняття Ісуса Христа своїм Спасителем – це найбільший з усіх гріхів. Бог повинен відповідати на молитви людей, які прийняли Ісуса Христа і стали Його дітьми, а діти Божі мають право отримати Його відповіді на молитви за Його обітницею.

Божі діти, які вірять в Нього і прийняли Ісуса Христа як свого Спасителя, не можуть отримати відповіді на свої молитви тому, що вони не визнають існування стіни, яка виросла внаслідок їхнього гріха і зла, і тепер відділяє їх від Бога. Тому навіть якщо вони постять або моляться всю ніч, Бог відвертає Своє лице від них і не відповідає на їхні молитви.

Позбутися гріха нелюбові один до одного

Бог говорить нам, що ми повинні любити один одного

(1 Послання Івана 4:11). До того ж, оскільки Бог говорить, щоби ми любили навіть своїх ворогів (Євангеліє від Матвія 5:44), якщо ми ненавидимо своїх братів, то ми не дотримуємося Божого слова, і це вважається гріхом.

Оскільки Ісус Христос явив на хресті Свою любов до всього людства, яке ув'язнене у гріхах і злі, ми повинні любити своїх батьків, братів і дітей. Однак смертним гріхом перед Богом вважається ненависть і непрощення один до одного. Бог не наказав нам явити таку любов, яку мав Ісус, загинувши на хресті для визволення людства від гріхів. Він просто попросив нас замінити ненависть прощенням. Тоді чому це так важко зробити?

Бог говорить, що кожен, хто ненавидить свого брата, – «душогуб» (1 Послання Івана 3:15), і так само наш Отець ставитиметься до нас, якщо ми не будемо прощати своїх братів (Євангеліє від Матвія 18:35), Він також спонукає, щоби ми мали любов і не нарікали проти своїх братів, щоби нас не було засуджено (Посланні Якова 5:9).

Оскільки у кожному з нас живе Святий Дух, любов'ю Ісуса Христа, якого було розіп'ято, і Котрий визволив нас від минулих, теперішніх і майбутніх гріхів, ми можемо любити всіх людей, якщо покаємося перед Ним, позбавимося своїх гріхів і отримаємо Його прощення. Оскільки люди у цьому світі не вірять в Ісуса Христа, їм немає спасіння навіть після покаяння, і вони не можуть ділитися істинною любов'ю один з одним без керівництва

Святим Духом.

Навіть якщо брат ваш ненавидить вас, ви повинні мати таке серце, яке стоятиме твердо в істині, ви повинні зрозуміти і простити його, молитися за нього з любов'ю, щоби самому не згрішити. Якщо ми ненавидимо своїх братів, ми вже згрішили перед Богом, втратили повноту Святого Духа, стали нікчемними і безглуздими, всі наші дні проводячи у скаргах і наріканнях. Ми не можемо тоді очікувати, щоби Бог відповів на наші молитви.

Лише за допомогою Святого Духа ми можемо любити, розуміти і прощати своїх братів, і отримувати від Бога все, про що попросимо у молитві.

Зруйнувати стіну гріха непокори Божим заповідям

В Євангелії від Івана 14:21 Ісус говорить нам: «*Хто заповіді Мої має та їх зберігає, той любить Мене. А хто любить Мене, то полюбить його Мій Отець, і Я полюблю Його, і об'явлюсь йому Сам*». Тому у 1 Посланні Івана 3:21 написано: «*Улюблені, коли не винуватить нас серце, то маємо відвагу до Бога*». Інакше кажучи, якщо стіна гріха була створена через нашу непокору Божим заповідям, ми не можемо отримати Його відповіді на свої молитви. Лише якщо Божі діти виконують заповіді свого Отця і роблять те, що догоджає Йому, вони можуть просити Його про те, чого вони бажають з упевненістю і отримати все, про що попросять.

У 1 Посланні Івана 3:24 нам нагадується: *«А хто Його заповіді береже, той у Нім пробуває, а Він у ньому. А що в нас пробуває, пізнаємо це з того Духа, що Він нам Його дав».* Тут наголошується, що лише коли серце сповнене істини, коли у ньому живе Господь і ми живемо під керівництвом Святого Духу, ми можемо отримати все, чого попросимо, і наше життя може бути успішним в усьому.

Наприклад, якби серце мало сотню кімнат, і в усіх ви би поселили Господа, ваша душа процвітала би, і ви би отримали благословення, щоби вам в усьому велося добре. Однак якщо ви віддасте Господу лише половину кімнат у своєму серці, а останні будете використовувати для інших потреб, ви не завжди зможете отримати відповіді від Бога, тому що Святий Дух управлятиме вами половину часу, тоді як іншу половину ви будете використовувати для того, щоби просити Бога згідно власних бажань та відповідно до похітливих бажань плоті. Оскільки наш Господь живе у кожному з нас, навіть якщо перед нами стоїть перешкода, Він укріплює нас, щоби ми оминули її, або щоби вона швидко минула. Навіть коли ми ідемо долиною тіні, Він дає нам спосіб оминути її, все робить на добре і допомагає нам процвітати.

Якщо ми догоджаємо Богові, виконуючи Його заповіді, ми перебуватимемо в Ньому, і Він житиме в нас, і ми прославлятимемо Його, отримуючи все, про що просимо у молитві. Давайте зруйнуємо стіну гріха непокори Божим заповідям, почнемо виконувати їх, станемо упевненими і прославимо Його, отримуючи все, про що просимо.

Зруйнувати стіну гріха: не молитися для задоволення власних бажань

Бог наказує, щоби ми робили все на Його славу (1 Послання до коринтян 10:31). Якщо ми молимося про щось не на Його славу, це значить, що ми бажаємо виконати власні бажання тіла, і не можемо отримати Божі відповіді на свої прохання (Послання Якова 4:3).

З іншого боку, якщо ви шукаєте матеріальних благословень для Божого Царства і Його правди, для допомоги бідним і спасіння душ, ви отримаєте Божі відповіді, тому що насправді шукаєте Його слави. Але якщо ви шукаєте матеріальних благословень щоби похвастатися перед братом, який докоряє вам: «Як же ти можеш бути бідним, якщо ходиш до церкви?», тоді насправді ви молитеся відповідно до зла, щоби задовольнити своє бажання. Тоді на вашу молитву не буде відповіді. Навіть у цьому світі батьки, які дійсно люблять своїх дітей, не дадуть їм 100 доларів, щоби вони марно їх витратили у крамницях. Так само Бог не хоче, щоби Його діти йшли неправильним шляхом, і тому Він не відповідає на кожне прохання Своїх дітей.

У 1 Посланні Івана 5:14-15 написано: *«І оце та відвага, що ми маємо до Нього, що коли чого просимо згідно волі*

Його, то Він слухає нас. А як знаємо, що Він слухає нас, чого тільки ми просимо, то знаємо, що одержуємо те, чого просимо від Нього». Лише коли ми відкидаємо свої палкі бажання і молимося відповідно до Божої волі і для Його слави, ми отримаємо все, про що попросимо Його у молитві.

Зруйнувати стіну гріха: не сумніватися у молитві

Оскільки Бог радіє, коли ми являємо Йому свою віру, без віри догодити Богові не можна (Послання до євреїв 11:6). Навіть в Біблії ми можемо знайти багато прикладів, коли Божі відповіді знаходили свій шлях до людей, які являли Йому свою віру (Євангеліє від Матвія 20:29-34; Євангеліє від Марка 5:22-43, 9:17-27, 10:46-52). Коли люди не являли своєї віри в Бога, їм докоряли за «малу віру», незважаючи на те, що вони були учнями Ісуса (Matthew 8:23-27). Коли люди являли Богові свою велику віру у Нього, навіть язичники отримували хвалу (Євангеліє від Матвія 15:28).

Бог докоряє тим, хто не може вірити, але сумніваються (Євангеліє від Марка 9:16-29), і говорить нам, що якщо ми хоча би трохи сумніваємося у молитві, ми навіть сподіватися не можемо, що отримаємо щось від Господа (Послання Якова 1:6-7). Інакше кажучи, навіть якщо ми постимо в молимося всю ніч, якщо наша молитва сповнена сумнівів, ми не повинні очікувати, що отримаємо Божі відповіді.

Крім того, Бог нагадує нам: *«Поправді кажу вам: Як хто скаже горі цій: Порушся та й кинься до моря, і не матиме сумніву в серці своїм, але матиме віру, що станеться так, як говорить, то буде йому! Через це говорю вам: Усе, чого ви в молитві попросите, вірте, що одержите, і сповниться вам»* (Євангеліє від Марка 11:23-24).

Оскільки *«Бог не чоловік, щоб неправду казати, і Він не син людський, щоб Йому жалкувати»* (Книга Числа 23:19), як було обіцяно, Бог насправді відповідає на молитви тих, хто вірить і просить на Його славу. Люди, які люблять Бога і мають віру, обов'язково вірять і шукають Божої слави, і тому сказано, щоби вони просили про все, чого бажають. Оскільки вони вірять, просять і отримують відповіді на всі свої бажання, ці люди можуть прославити Бога. Давайте позбавимося сумнівів, будемо лише вірити, просити і отримувати від Бога, щоби прославити Його у своєму серці.

Зруйнувати стіну гріха: сіяти для Бога

Як Правитель всього у всесвіті, Бог запровадив закон духовного царства, і як праведний Суддя, Він керує всім у певному порядку.

Цар Дарій не міг врятувати свого улюбленого раба Даниїла з лев'ячої ями, тому що навіть цар не міг ослухатися наказу, який він сам запровадив. Так само, оскільки Бог не може не скоритися закону духовного царства, який Він Сам запровадив, все у всесвіті відбувається під Його наглядом. Тому «Бог осміяний бути не може», Він дозволяє людині пожати те, що вона посіяла (Послання до галатів 6:7). Якщо людина сіє молитву, вона отримає духовні благословення; якщо сіє час – вона отримає благословення гарним здоров'ям, якщо сіє пожертвування – Бог допоможе уникнути негараздів у бізнесі, на роботі, вдома і дасть навіть більше матеріальних благословень.

Якщо ми сіємо для Бога різними способами, Він відповідає на наші молитви і дає нам все, про що ми просимо. Старанно сіючи для Бога, давайте не просто приносити щедрий плід, але також отримувати все, про що ми просимо у молитві.

Окрім тих шести стін гріха, про які ми говорили вище, «гріх» включає у себе такі бажання і справи тіла як неправедність, заздрість, гнів, роздратування, гордість, небажання боротися з гріхами до крові і відсутність завзятості для Божого Царства. Вивчаючи і розуміючи різні фактори, які складають собою стіну, що стоїть між нами і Богом, ми прославляємо Його. Всі ми повинні стати віруючими людьми, які мають гарне здоров'я, у яких в усіх справах ведеться добре і душа процвітає.

Засновуючись на словах, записаних у Книзі Пророка Ісаї 59:1-2, ми розглянули певну кількість факторів, які становлять стіну, що стоїть між нами і Богом. В ім'я Господа нашого Ісуса Христа я молюся про те, щоби кожен з вас став благословенною Богом дитиною, яка розуміє походження цієї стіни, має гарне здоров'я, у якої все добре в усіх справах, душа якої процвітає, і яка прославляє свого небесного Отця, отримуючи все, про що вона просить у молитвах!

Розділ 5

Пожнете, що посіяли

2 Послання до коринтян 9:6-7

А до цього кажу: Хто скупо сіє, той скупо й жатиме, а хто сіє щедро, той щедро й жатиме! Нехай кожен дає, як серце йому призволяє, не в смутку й не з примусу, бо Бог любить того, хто з радістю дає!

Кожної осені ми бачимо як на полях колоситься золотий рис. Нам відомо, щоби зібрати гарний врожай цього зерна, господар має віддано працювати, спочатку посадити, потім протягом всієї весни та літа удобрювати, щоби рис був гарним.

Господар, який має велику ділянку і садить більше зерна, повинен докласти більше зусиль, ніж той, хто садить менше. Але сподіваючись зібрати гарний врожай, він працює старанніше і напруженіше. Саме як закон природи говорить: «Що посієш, те і пожнеш», ми повинні знати, що закон Бога, Котрий є Господарем у духовному царстві, говорить те саме.

Серед сучасних християн дехто продовжує просити Бога виконати свої бажання, коли у свою чергу вони нічого не сіють, а інші нарікають на те, що Він не відповідає незалежно від кількості молитов. Також Бог бажає дати благословення, які переливаються через край, вирішити всі їхні проблеми. Але люди не розуміють закону «Що посієш, те і пожнеш» а отже не отримують бажаного від Бога.

Засновуючись на законі природи, який говорить: «Що посієш, те і пожнеш», давайте дізнаємося, що і як ми маємо сіяти, щоби завжди отримувати Божі відповіді і невпинно прославляти Його.

Спочатку треба обробити ґрунт

Перед сівбою господар повинен обробити ґрунт, на

якому працюватиме. Він збирає каміння, вирівнює землю і створює середовище та умови, в яких ростиме насіння. Завдяки важкій та відданій праці господаря навіть занедбана ділянка землі може перетворитися на родючу.

У Біблії серце кожної людини порівнюється з одним із чотирьох різних видів ґрунту (Євангеліє від Матвія 13:3-9).

Перший вид – ґрунт «край дороги»

Ґрунт край дороги дуже твердий. Людина, яка має таке серце, ходить до церкви, але навіть почувши слово вона не відчиняє двері свого серця. Тому така людина не знає Бога і через відсутність віри не може бути обізнаною.

Другий вид – «ґрунт кам'янистий»

На кам'янистому ґрунті рослина не може рости. Людина, яка має таке серце, має знання про слово, але її віра не підкріплюється справами. Оскільки людина не має упевненості у вірі, вона швидко гине під час випробувань і страждань.

Третій вид – «тернина»

На ґрунті, де росте терен, не може вирости нічого іншого, оскільки терен забиває все інше, тож неможливо зібрати гарний врожай. Людина, яка має таке серце, вірить в Боже слово і намагається жити відповідно до нього. Але вона діє відповідно не до Божої волі, а відповідно до бажань тіла. Оскільки ріст слова, що було посіяне у його серці, зупиняється через спокусу власності, вигоди або турбот цього світу, така особа не може принести плід. Хоча людина молиться, вона не може покластися на «невидимого» Бога, а отже живе за власним розсудом. Тому вона не відчуває Божої сили, тому що Він може спостерігати за нею лише здалеку.

Четвертий вид – «добра земля»
Віруюча людина, яка має добру землю, говорить «Амінь» на все, що є Божим словом, і кориться йому з вірою, не покладаючись на власні думки та припущення. Коли зерна потрапляють на таку землю, вони ростуть добре і приносять плід у сотню, шістдесят або тридцять разів більше, ніж було посіяно.

Ісус говорив лише «Амінь» і був вірний Божому слову (Постання до филип'ян 2:5-8). Так само людина, яка являє собою «добру землю», безумовно є вірною Божому слову і живе за ним. Якщо Його слово говорить, щоби ми завжди раділи, така людина радітиме за будь-яких обставин. Якщо Його слово говорить, щоби ми постійно молилися, вона безперервно молиться. Людина, яка має «добру землю», завжди може спілкуватися з Богом, отримувати все, про що просить у молитві, і жити відповідно до Його волі.

Незалежно від того, яку землю ми маємо, ми завжди можемо перетворити її на добру. Ми можемо зорати кам'янистий ґрунт, зібравши каміння, прибрати колючки і удобрити її.

Тоді як ми можемо обробити своє серце і перетворити його на «добру землю»?

По-перше, ми повинні поклонятися Богові в дусі та істині.

Ми повинні повністю віддати Богові всі свої думки, волю, присвячення, силу і з любов'ю віддати Йому своє серце. Лише тоді ми зможемо врятувати себе від даремних думок, втоми, в'ялості і перетворити своє серце на добру землю силою згори.

По-друге, ми повинні позбутися своїх гріхів навіть до крові.

Якщо ми повністю виконуватимемо Боже слово, включаючи всі заповіді, які наказують нам «Робити щось» або «Не робити», і жити за ними, наше серце поступово перетвориться на добру землю. Наприклад, коли виявляються заздрість, ревнощі, ненависть та інші емоції, наше серце може перетворитися на добру землю лише завдяки ревній молитві.

Якщо ми перевіряємо ґрунт свого серця і старанно обробляємо його, наша віра зростатиме, і у Божій любові добре буде вестися нам в усьому. Ми повинні старанно обробляти свою ділянку, тому що чим більше ми живемо за Божим словом, тим більше зростатиме наша духовна віра. Чим більше зростає наша духовна віра, тим більше у нас буде «доброї землі». Для цього ми повинні старанніше обробляти своє серце.

Необхідно сіяти різні зерна

Після обробки ґрунту господар починає сіяти зерна. Так само, як ми вживаємо різні страви, щоби збалансовано підтримувати своє здоров'я, господар насаджує і вирощує різне насіння: рис, пшеницю, овочі, бобові та інше.

Для Бога ми повинні сіяти різне насіння. «Сівба» у духовному розумінні означає покору Божим заповідям, коли Він наказує нам щось «робити». Наприклад, якщо Бог наказує нам завжди радіти, ми можемо сіяти своєю радістю, яка походить від нашої надії на небеса. Богові догоджає ця радість, і Він здійснить нам нашого серця бажання (Книга Псалмів 37:4). Якщо Бог наказує нам «проповідувати Євангеліє», ми повинні старанно розповсюджувати Його слово. Якщо Він наказує нам «любити один одного», «бути вірними», «вдячними» і «молитися», ми повинні старанно робити саме те, що нам було наказано робити.

Крім того, оскільки жити за Божим словом: віддавати десятину і святити день суботній, – це сівба для Нього, те, що ми сіємо, може пустити бруньки, вирости, дати квіти і принести рясний врожай.

Якщо ми сіємо убого, неохоче або з примусу, Бог не

прийме наших зусиль. Саме як господар сіє насіння, сподіваючись на гарний врожай восени, ми також повинні вірити і зосередити свій погляд на Господі, Котрий благословляє нас у сто, шістдесят або тридцять разів більше, ніж ми посіяли.

У Посланні до євреїв 11:6 написано: *«Догодити ж без віри не можна. І той, хто до Бога приходить, мусить вірувати, що Він є, а тим, хто шукає Його, Він дає нагороду».* Довіряючи Його слову, якщо ми подивимося на нашого Бога, Який дає нагороди, і сіятимемо для Нього, ми зможемо зібрати багатий врожай у теперішньому житті і приготувати собі нагороди у Небесному Царстві.

Землю необхідно доглядати з наполегливістю і відданістю

Після сівби господар турботливо піклується про землю. Він поливає рослини, прополює землю і захищає її від комах. Без таких захисних заходів рослини можуть змарніти і загинути, так і не принісши плодів.

З духовної точки зору «вода» означає Боже слово. Як Ісус говорить нам в Євангілії від Івана 4:14: *«А хто питиме воду, що Я йому дам, прагнути не буде повік, бо вода, що Я йому дам, стане в нім джерелом тієї води, що тече в життя вічне»*, вода символізує вічне життя та істину. «Ловити комах» означає охороняти Боже слово, яке було посаджене у нашому серці, від ворога-диявола.

Завдяки поклонінню, прославлянню і молитві ми можемо зберегти повноту у нашому серці навіть якщо ворог-диявол втручатиметься у наші польові роботи.

«Прополювання» – це процес, під час якого ми звільняємося від неправди, гніву і ненависті. Старанно молячись і намагаючись позбутися гніву і ненависті, ненависть викорінюється, коли виростає зерно покори, а гнів викорінюється, коли виростає зерно любові. Коли неправда видалена і ворог-диявол схоплений, ми можемо рости як Його істинні діти.

Важливим чинником догляду за землею після сівби є наполегливе очікування правильного часу. Якщо господар почне копати землю скоро після сівби, щоби подивитися, чи ростуть його зерна, вони можуть загинути. До початку збору врожаю господар повинен мати велике присвячення і наполегливість.

Час, який потрібен для визрівання врожаю, може бути різним в залежності від насіння. Тоді як насіння дині та кавуна може приносити плід менш ніж через рік, для яблук і груш потрібно декілька років. Радість господаря женьшеню буде більшою, ніж радість господаря кавунів, тому що цінність женьшеню, який потрібно вирощувати декілька років, неможливо порівняти з кавунами, які ростуть значно швидше.

Так само, коли ми сіємо для Бога відповідно до Його слова, інколи ми можемо отримати Його відповіді одразу і зібрати врожай, але інколи для цього потрібно більше часу. Як написано у Посланні до галатів 6:9: *«А роблячи добре, не знуджуймося, бо часу свого пожнемо, коли не ослабнемо»*, до збору врожаю ми повинні доглядати за землею з наполегливістю і відданістю.

Що посієте, те і пожнете

В Євангелії від Івана 12:24 Ісус говорить нам: *«Поправді, поправді кажу вам: коли зерно пшеничне, як у землю впаде, не помре, то одне зостається; як умре ж, плід рясний принесе»*. Відповідно до Свого закону Бог справедливості віддав Ісуса Христа, Свого єдиного Сина, як жертву спокути за гріхи всього людства, і дозволив Йому стати зерном пшениці, зів'янути і загинути. Загинувши, Ісус приніс багато плодів.

Закон духовного царства подібний до закону природи: «Що посієте, те і пожнете». Неможна порушити Божий закон. У Посланні до галатів 6:7-8 нам чітко говориться: *«Не обманюйтеся, Бог осміяний бути не може. Бо що тільки людина посіє, те саме й пожне! Бо хто сіє для власного тіла свого, той від тіла тління пожне. А хто сіє для духа, той від духа пожне життя вічне»*.

Коли господар сіє насіння на своєму полі, тоді в залежності від виду насіння він може зібрати врожай деяких культур раніше, і продовжувати сіяти. Чим більше господар сіє, чим старанніше доглядає за своєю землею, тим більший він збере врожай. Так само, навіть у наших стосунках з Богом ми пожинаємо те, що посіяли.

Якщо ви посіяли молитву і прославлення, за допомогою сили згори ви можете жити за Божим словом і ваша душа процвітатиме. Якщо ви віддано працюєте для Божого Царства, всі хвороби залишать вас, і ви отримаєте благословення для тіла і духа. Якщо ви старанно сієте матеріальним, віддаєте десятину, приносите подячні пожертвування, Він дасть вам ще більші матеріальні благословення, давши вам право використовувати їх для Свого царства і праведності.

Наш Господь, Який нагороджує кожну людину відповідно до її вчинків, говорить нам в Євангелії від Івана 5:29: *«І повиходять ті, що чинили добро, на воскресення життя, а котрі зло чинили, на воскресення Суду»*. Отже ми повинні жити за Святим Духом і робити добро у своєму житті.

Якщо людина сіє не для Святого Духа, але заради власних бажань, вона може пожати лише те, що існує у цьому світі, яке зрештою зникне. Якщо ви оцінюєте і судите інших, вас також будуть оцінювати і судити за Божим словом, у якому написано: *«Не судіть, щоб і вас не судили; бо яким судом судити будете, таким же осудять і вас, і якою мірою будете міряти, такою відміряють вам»* (Євангеліє від Матвія 7:1-2).

Бог простив нам всі наші гріхи, які ми чинили перед тим як прийняли Ісуса Христа. Але якщо ми будемо грішити після того, як дізналися, що таке істина і гріх, навіть якщо ми отримали прощення, покаявшись, ми отримаємо покарання.

Якщо ви посіяли гріх, тоді відповідно до закону духовного царства, ви пожнете плід свого гріха і постанете перед випробуваннями і стражданнями.

Коли Божий улюбленець Давид зогрішив, Бог сказав йому: *«І чому ти зневажив ГОСПОДНЄ слово, і вчинив це зло в очах Його?»* а також *«Ось Я наведу на тебе зло з твого дому, і заберу жінок твоїх на очах твоїх, і дам ближньому твоєму, а він покладеться з жінками твоїми при світлі цього сонця»* (2 Книга Самуїлова 12:9; 11). Давид отримав прощення за свої гріхи, коли покаявся, промовивши: «Згрішив я перед ГОСПОДОМ!» Ми також знаємо, що Бог уразив дитину, яка народила Давидові Урієва дружина (2 Книга Самуїлова 12:13-15).

Ми повинні жити за істиною і чинити добро, пам'ятати, що ми посіяли, те і пожнемо, сіяти для Святого Духа, отримати вічне життя від Святого Духа і завжди отримувати Божі благословення, що переливаються через край.

В Біблії написано про багатьох людей, які догоджали Богові і згодом отримали Його рясні благословення. Оскільки жінка з міста Шунам завжди ставилася до Єлисея, Божого чоловіка, з повагою і ввічливістю, він завжди зупинявся в її будинку, коли перебував у тій місцевості. Жінка, обговоривши зі своїм чоловіком побудову окремої кімнати для Єлисея, поставила йому там ліжко, стіл, стілець і свічник, і запросила його зупинитися у своєму домі (2 Книга Царів 4:8-10).

Єлисей був дуже зворушений відданістю шунамітянки. Єлисей, дізнавшись, що її чоловік старий, вони не мають дітей, і що жінка має бажання мати власну дитину, попросив Бога благословити ту жінку народженням дитини, і через рік Бог дав їй сина (2 Книга Царів 4:11-17).

Бог у Книзі Псалмів 37:4 обіцяє нам: *«Хай ГОСПОДЬ буде розкіш твоя, – і Він здійснить тобі твого серця бажання!»* Бажання шунамітянки було виконане, адже вона турботливо і віддано ставилася до Божого служителя (2 Книга Царів 4:8-17).

У Книзі Дії 9:36-40 записана історія про жінку, що жила у Йоппії, на ім'я Тавіта, яка була повна добрих вчинків та милостині. Коли вона занедужала й умерла, учні розповіли про те Петрові. Коли він прийшов у те місце, вдовиці показали йому сукні і плащі, що їх робила Тавіта, і благали його повернути її до життя. Петро був глибоко зворушений словами тих жінок і щиро помолився Богові. Коли він промовив: «Тавіто, вставай!», вона розплющила очі і сіла. Оскільки Бог бачив Тавіту, бо вона чинила добрі справи і допомагала бідним, вона могла отримати благословення продовження свого життя.

В Євангелії від Марка 12:44 записано про бідну вдовицю, яка віддала Богові все, що мала. Ісус, Який дивився, як люди мідяки до скарбниці кидали у храмі, промовив до Своїх учнів: *«Всі клали від лишка свого, а вона поклала з убозтва свого все, що мала, – свій прожиток увесь»*, і похвалив її. Неважко здогадатися, що жінка отримала більші благословення у своєму житті.

Відповідно до закону духовного царства, Бог справедливості дозволяє нам жати те, що ми посіяли і нагороджує нас відповідно до наших справ. Тому що Бог чинить відповідно до віри кожної людини, якщо людина вірить у Його слово і кориться йому, ми повинні розуміти, що можемо отримати все, про що просимо у молитві. Думаючи так, нехай кожен з вас перевірить своє серце, старанно перетворить його на гарний ґрунт, сіє багато насіння, наполегливо і віддано дбає про нього, щоби воно принесло багатий врожай. Про це я молюся в ім'я Господа нашого Ісуса Христа!

Розділ 6

Ілля отримує Божу відповідь вогнем

1 Книга Царів 18:41-45

І сказав Ілля до Ахава: Увійди, їж і пий, бо ось чути шум дощу. І пішов Ахав, щоб їсти та пити, а Ілля зійшов на верхів'я Кармелу, і нахилився до землі, і поклав обличчя своє між коліна. І сказав він до свого хлопця: Вийди, подивися в напрямі моря! І той вийшов і подивився та й сказав: Нема нічого. Та він відказав: Вернися сім раз! І сталося сьомого разу, і він сказав: Ось мала хмара, немов долоня людська, підіймається з моря. А він сказав: Піди, скажи Ахавові: Запрягай і зійди, і не затримає тебе дощ. І сталося по недовгому часі, і потемніло небо від хмар, і зірвався вітер, і пішов великий дощ. А Ахав сів на воза, та й відправився в Їзреел.

Могутній Божий служитель Ілля міг свідчити про живого Бога і зробити так, щоби Ізраїльтяни, які поклонялися ідолам, покаялися у своїх гріхах через Божу відповідь вогнем, про який він попросив і отримав. До того ж, коли не було дощу протягом трьох з половиною років через гнів Божий на народ Ізраїльський, саме Ілля вчинив диво, коли закінчилася посуха, і полив сильний дощ.

Якщо ми віримо в живого Бога, у своєму житті ми також повинні отримувати Божу відповідь вогнем як Ілля, свідчити про Нього і прославляти Його.

Вивчаючи віру Іллі, завдяки якій він отримав відповідь від Бога вогнем і на власні очі побачив виповнення бажань свого серця, давайте також станемо благословенними Божими дітьми, які завжди отримують відповіді вогнем від свого Отця.

Віра Іллі, Божого служителя

Народ, обраний Богом, повинен був поклонятися лише єдиному Богові, але їхні царі почали чинити зле в очах Бога і поклонятися ідолам. До того часу, коли на престолі сів Ахав, народ Ізраїльський почав чинити більше лихого, і ідолопоклонство досягло найвищої точки. Тоді гнів Божий на народ Ізраїльський став нещастям для народу, почалася посуха, що тривала три з половиною роки. Бог призначив Іллю своїм служителем і через нього являв Свої діла.

Бог сказав Іллі: *«Иди, покажися до Ахава, а Я дам дощ*

на поверхню землі» (1 Книга Царів 18:1).

Мойсей, котрий вивів народ Ізраїльський з Єгипту, спочатку не послухався Бога, коли Він наказав йому постати перед фараоном. Коли Самуїл отримав наказ помазати Давида, пророк спершу також не послухався Бога. Однак, коли Бог наказав Іллі показатися до Ахава, царя, який намагався вбити його протягом багатьох років, пророк безумовно покорився Богові і явив віру, яка догодила Йому.

Оскільки Ілля послухався Бога і вірив кожному Його слову, через пророка Бог знову і знову міг являти Свої справи. Богові догоджала покірна віра Іллі, Він любив його як свого слугу, був поряд, куди б той не пішов, і був запорукою всіх його намагань. Оскільки Бог засвідчив віру Іллі, той міг оживляти померлих, отримувати Божі відповіді вогнем і бути забраним на небо у вихорі. Хоча лише один Бог сидить на небесному престолі, всемогутній Бог може наглядати за всім у всесвіті і дозволяє відбуватися Своїм справам там, де Він присутній. Як написано в Євангелії від Марка 16:20: *«І пішли вони, і скрізь проповідували. А Господь помагав їм, і стверджував слово ознаками, що його супроводили»*, коли Бог визнає людину та її віру, дива і Божі відповіді супроводжують її як прояв Його справ.

Ілля отримує Божу відповідь вогнем

Оскільки віра Іллі була великою, і він був досить покірним, щоби стати гідним Божого визнання, пророк міг сміливо провістити неминучу посуху в Ізраїлі.

Він промовив перед царем Ахавом: *«Як живий ГОСПОДЬ, Бог Ізраїлів, що перед лицем Його я стою, цими роками не буде роси та дощу, але тільки за моїм словом!»* (1 Книга Царів 17:1).

Оскільки Бог знав, що Ахав поставить під загрозу життя Іллі, який провістив посуху, Бог вивів пророка до потоку Керіт, щоби він побув там деякий час, і наказав крукам приносити йому хліба та м'яса вранці та ввечері. Коли потік Керіт висох, бо в краю не було дощу, Бог вивів Іллю до Сарепти і зробив так, щоби його годувала вдовиця.

Коли син вдовиці захворів і зрештою помер, Ілля кликав до Господа та й казав: *«ГОСПОДИ, Боже мій, нехай вернеться душа цієї дитини в неї!»* (1 Книга Царів 17:21) Бог почув молитву Іллі і оживив хлопчика. Цим Бог довів, що Ілля був чоловіком Божим, і що Господнє слово в його устах – правда (1 Книга Царів 17:24).

Люди нашого покоління живуть у такий час, коли неможливо повірити в Бога, якщо вони не побачать знамен та чуд (Євангеліє від Івана 4:48). Для того, щоби свідчити про живого Бога сьогодні, кожен з нас повинен мати таку ж віру, як в Іллі, і взяти на себе відповідальність сміливо розповсюджувати Євангеліє.

У третій рік пророцтва, коли Ілля сказав Ахавові: *«Цими роками не буде роси та дощу, але тільки за моїм словом»*, Бог сказав Своєму пророкові: *«Іди, покажися до Ахава, а я дам дощ на поверхню землі»* (1 Книга Царів 18:1). Ми читаємо в Євангелії від Луки 4:25, що *«за днів Іллі серед Ізраїля, коли на три роки й шість місяців небо було зачинилося, так що голод великий настав був по всій тій землі»*. Інакше кажучи, в Ізраїлі не було дощу протягом трьох з половиною років. Перед тим як Ілля вдруге прийшов до Ахава, цар даремно шукав його навіть у сусідніх землях, повіривши в те, що саме Іллю треба винуватити за трирічну посуху.

Незважаючи на те, що Іллю могли стратити, коли би він прийшов до Ахава, він послухався Божого наказу. Коли Ілля постав перед Ахавом, цар запитав: «Чи це ти, що непокоїш Ізраїля?» (1 Книга Царів 18:17). Ілля відказав: *«Не я внещасливив Ізраїля, а тільки ти та дім твого батька через ваше недотримання ГОСПОДНІХ заповідей, та й ти пішов за Ваалами»* (1 Книга Царів 18:18). Він безстрашно передав цареві Божу волю. Ілля сказав іще більше: *«А тепер пошли, збери до мене на гору Кармел усього Ізраїля та чотири сотні й п'ятдесят Ваалових пророків, та чотири сотні пророків Астарти, що їдять зо столу Єзавелі»* (1 Книга Царів 18:19).

Оскільки Ілля добре знав, що посуха прийшла до

народу Ізраїля через його ідолопоклонство, він змагався з 850 пророками, що поклонялися ідолам, і промовив: «Той Бог, що відповість огнем, – Він Бог!» Оскільки Ілля вірив в Бога, пророк явив Йому віру, бо він вірив, що Бог відповість вогнем.

Тоді він сказав Вааловим пророкам: *«Виберіть собі одного бичка, і приготуйте перші, бо ви численніші, і покличте ім'я свого бога, і огню не покладете»* (1 Книга Царів 18:25). Коли Ваалові пророки не отримали відповіді від ранку до вечора, Ілля глузував з них.

Ілля вірив, що Бог відповість йому вогнем, із задоволенням наказав Ізраїльтянам побудувати жертовник, полити водою цілопалення та дрова і помолитися до Бога.

Вислухай мене, ГОСПОДИ, вислухай мене, і нехай пізнає цей народ, що Ти ГОСПОДЬ, Бог, і Ти обернеш їхнє серце назад! (1 Книга Царів 18:37)

Тоді спав ГОСПОДНІЙ вогонь та й пожер цілопалення, і дрова, і каміння, і порох, і вилизав воду, що в рові. Коли всі люди побачили це, вони промовили: *«ГОСПОДЬ, – Він Бог, Господь, – Він Бог!»* (1 Книга Царів 18:38-39)

Все це було можливим через те, що Ілля, звертаючись до Бога із проханням, не мав жодного сумніву (Послання Якова 1:6) і вірив у те, що отримає про що попросив у молитві (Євангеліє від Марка 11:24).

Чому Ілля попросив вилити воду на цілопалення,

а потім помолився? Оскільки посуха тривала три з половиною роки, найдефіцитнішою та найціннішою з усіх необхідних речей була вода. Наповнивши чотири великих відра води і тричі виливши їх на цілопалення (1 Книга Царів 18:33-34), Ілля явив Богові свою віру і віддав Йому найдорогоцінніше. Бог, який любить тих, хто з радістю дає (2 Послання до коринтян 9:7), не лише дозволив Іллі зібрати посіяне ним, але й дав йому Свою відповідь вогнем і довів всім Ізраїльтянам, що їхній Бог дійсно живий.

Ідучи кроками Іллі і являючи Богові свою віру, віддаючи Йому найцінніше і підготувавшись отримати відповіді від Нього на свою молитву, ми можемо свідчити про живого Бога всьому світові через Його відповіді вогнем.

Ілля викликає сильний дощ

Після того, як живий Бог явився Ізраїльтянам у відповіді вогнем і змусив покаятися народ, який досі поклонявся ідолам, Ілля згадав клятву, яку він дав Ахавові: *«Як живий ГОСПОДЬ, Бог Ізраїлів, що перед лицем Його я стою, цими роками не буде роси та дощу, але тільки за моїм словом!»* (1 Книга Царів 17:1) Він сказав цареві: *«Увійди, їж і пий, бо ось чути шум дощу»* (1 Книга Царів 18:41), і зійшов на верхів'я Кармелу. Він вчинив так, щоби виконати Боже слово: «Господь дасть дощу на поверхню землі», і отримати відповідь від Нього.

На горі Кармел Ілля нахилився до землі, і поклав

обличчя своє між свої коліна. Чому Ілля молився саме так? Ілля страждав під час молитви.

Дивлячись на Іллю, ми можемо припустити, як ревно Ілля кликав до Бога всім своїм серцем. Крім того, Ілля продовжував молитися доки не побачив власними очима Божу відповідь. Пророк наказав своєму рабу подивитися в напрямі моря, а сам молився сім разів доки на горизонті не з'явилася хмара, немов долоня людська. Того було більше ніж достатньо, щоби вразити Бога і потрясти Його небесний престол. Якщо Ілля викликав дощ після трьох з половиною років посухи, це означає, що його молитва була надто сильною.

Коли Ілля отримав Божу відповідь вогнем, він визнав своїми вустами, що Бог вчинив це, навіть якщо не говорив про це. Те саме він зробив, коли викликав дощ. Побачивши хмару, яка була завбільшки як людська долоня, пророк звернувся до Ахава: *«Запрягай і зійди, і не затримає тебе дощ»* (1 Книга Царів 18:44). Оскільки Ілля мав віру, за допомогою якої він міг визнати своїми вустами, хоча і не бачив (Послання до Євреїв 11:1), Бог міг працювати, засновуючись на вірі пророка, і насправді за вірою Іллі небо вдалині потемніло і зірвався вітер і пішов великий дощ (1 Книга Царів 18:45).

Ми повинні вірити в те, що Бог, Який дав відповідь Іллі вогнем, а також довгоочікуваний дощ після посухи, що продовжувалася три з половиною роки, – це той самий

Бог, Який проганяє наші випробування і страждання, дає нам те, чого ми бажаємо, а також дає нам Свої чудові благословення.

Тепер, я впевнений, ви зрозуміли, що для того, щоби отримати Божу відповідь вогнем, прославити Його і виконати бажання нашого серця, ви спочатку повинні явити Йому таку віру, яка догодила би Йому, зруйнували стіну гріха, яка стоїть між Богом і вами, і попросили Його про щось, не сумніваючись.

По-друге, ви з радістю повинні побудувати вівтар для Бога, принести Йому жертви і щиро молитися. По-третє, доки ви не отримаєте відповідей від Нього, ви повинні визнати своїми вустами, що Бог вчинить для вас. Тоді Бог буде дуже задоволений і відповість на вашу молитву, щоби ви прославили Його.

Наш Бог відповідає нам, коли ми молимося Йому, розповідаючи Йому проблеми щодо своєї душі, дітей, здоров'я, роботи, та будь-які інші, і коли ми прославляємо Його. Нехай віра наша буде схожа на віру Іллі, щоби ми молилися доки не отримаємо відповіді від Бога і доки не станемо Його благословенними дітьми, які завжди прославляють свого Отця!

Розділ 7

Як задовольнити бажання свого серця

Книга Псалмів 37:4

Хай ГОСПОДЬ буде розкіш твоя, і Він сповнить тобі твого серця бажання!

Багато людей сьогодні намагаються вирішити безліч проблем та отримати відповіді від всемогутнього Бога. Вони ревно моляться, постять, проводять ночі у молитвах, щоби отримати зцілення, відбудувати свій збанкрутілий бізнес, народити дітей і отримати матеріальні благословення. Нажаль, таких людей, які не можуть отримати Божі відповіді і прославити Його, набагато більше, ніж тих, які можуть це зробити.

Коли люди не отримують від Бога відповідь через один або два місяці, вони втрачають терпіння і говорять: «Бога немає», відвертаються від Нього, починають поклонятися ідолам, і таким чином ганьблять Його імення. Якщо людина ходить до церкви, але не може отримати Божу силу і прославити Його, чи може така віра називатися «істинною вірою»?

Якщо людина сповідує істинну віру в Бога, то як Божа дитина, вона повинна мати можливість задовольнити бажання свого серця і виконати все, що бажає протягом свого життя на цій землі. Але багато людей не можуть виконати бажання свого серця, навіть якщо стверджують, що вірять. Це тому, що вони не знають себе. За допомогою вірша, на якому засновується даний розділ, давайте розглянемо, яким способом ми можемо досягти бажання свого серця.

По-перше, ми повинні зрозуміти Його серце

Кожна людина повинна оглянутися і побачити, чи дійсно вона вірить у всемогутнього Бога, чи вірить нерішуче, сумнівається, або має хитрість, і шукає лише удачі. Перед тим, як пізнати Ісуса Христа, більшість людей поклоняються ідолам, або вірять лише собі. Однак у часи страждань і випробувань, після того, як вони зрозуміли, що нещастя неможливо подолати за допомогою людської сили або сили ідолів, вони живуть на цій землі, чують новину про Бога, Який може вирішити їхні проблеми, і зрештою приходять до Нього.

Замість того, щоби зосередитися на Божій силі, люди із сумнівом міркують: «Чи відповість Бог, якщо я попрошу Його?» або «Можливо молитва зможе вирішити мої проблеми». Однак всемогутній Бог, Який керує історією людства, а також життям, смертю, прокляттям і благословенням людей, воскрешає мертвих, досліджує серце людини, не відповідає людині, яка сумнівається (Послання Якова 1:6-8).

Якщо людина дійсно намагається виконати бажання свого серця, вона спершу повинна відкинути сумніви і не шукати удачі, вірити у те, що отримає все, про що попросила всемогутнього Бога у молитві. Лише тоді Бог обдарує Своєю любов'ю і сповнить бажання серця людини.

По-друге, необхідно перевірити впевненість у спасінні і віру людини

Сьогодні у церкві багато віруючих мають проблеми з вірою. Дуже прикро бачити надзвичайно велику кількість людей, які духовно блукають, які сліпі через свою духовну зарозумілість, віра яких спрямована у неправильному напрямку, а також тих, хто немає впевненості у спасінні навіть після багатьох років життя у Христі і служінні для Нього.

У Посланні до римлян 10:10 написано: *«Бо серцем віруємо для праведности, а устами ісповідуємо для спасіння».* Коли ви відкриваєте двері свого серця і приймаєте Ісуса Христа як свого Спасителя, за благодаттю Святого Духа, яка дається щедро згори, ви отримуєте владу як Божа дитина. Крім того, коли ви визнаєте устами Ісуса Христа своїм Спасителем і щиро вірите, що Бог воскресив Ісуса, ви будете впевненими у своєму спасінні.

Якщо ви не знаєте напевно, чи отримали ви спасіння, це означає, що ви маєте проблему із станом своєї віри. Це тому що якщо вам не вистачає упевненості у тому, що Бог – ваш Отець і що ви вже отримали небесне громадянство і стали Його дитиною, ви не зможете жити за волею Отця.

Тому Ісус говорить нам: *«Не кожен, хто каже до Мене: «Господи, Господи!» увійде в Царство Небесне, але той, хто виконує волю Мого Отця, що на небі»* (Євангеліє від Матвія 7:21). Якщо стосунки «Бог-Отець – син (або донька)» ще не встановилися, тоді звичайно, що людина не отримає Його відповідей. Навіть якщо такі стосунки набудуть певної форми, якщо щось негаразд із серцем людини з точки зору Бога, вона також не зможе отримати Божих відповідей.

Тому якщо ви стали Божим дитям, яке має впевненість у спасінні, і покаялися у тому, що не жили за Божою волею, Він вирішить всі ваші проблеми, включаючи хвороби, негаразди у бізнесі, фінансові проблеми. І в усьому Він вчинить на добро.

Якщо ви звертаєтеся до Бога через проблему з дитиною, за допомогою слова істини Бог допоможе вам зрозуміти будь-яку проблему і питання, які лише існують між вами і вашою дитиною. Інколи винуваті діти, але частіше самі батьки несуть відповідальність за труднощі з дітьми. Перед тим, як почати вказувати пальцем, якщо самі батьки відвернуться від своїх помилок і покаються, постарайтеся виховати їхніх дітей належним чином і довірте все Богові, і Він дасть їм мудрості і вчинить на добро все для батьків та їхніх дітей.

Тому якщо ви приходите до церкви, сподіваючись вирішити проблему зі своїми дітьми, позбутися хвороби, фінансових труднощів, та інших проблем, замість необдуманого посту, молитви чи нічної молитви, ви спочатку повинні визначити за допомогою істини, що саме перешкоджає каналу спілкування між вами і Богом, покаятися і відвернутися від своїх гріхів. Бог вчинить на добро, коли ви отримаєте керівництво Святого Духа. Якщо ви навіть не намагаєтеся зрозуміти або почути Боже слово, жити за ним, ваша молитва не змусить Бога відповісти.

Оскільки існує багато прикладів, коли люди не можуть повністю збагнути істину, і не можуть отримати Божих відповідей і благословень, всі ми повинні виконати бажання свого серця, маючи упевненість у своєму спасінні і живучи за Божою волею (Книга Повторення Закону 28:1-14).

По-третє, ви повинні догоджати Богові своїми справами

Якщо людина визнає Бога-Творця і приймає Ісуса Христа своїм Спасителем, відкриваючи для себе істину і стаючи обізнаною, її душа процвітає. Крім того, продовжуючи дізнаватися про Бога, людина може жити таким життям, яке догоджає Богові. Тоді як дворічні або трирічні діти не знають як догодити своїм батькам, у своїй юності та у дорослому житті вони навчаються тішити їх. Так само чим більше Божі діти розуміють і живуть за істиною, тим більше вони можуть догодити своєму Отцеві.

Знову і знову Біблія говорить нам про способи, якими наші праотці віри отримували відповіді на свої молитви, догоджаючи Богові. Яким чином Авраам догоджав Богові?

Авраам завжди намагався жити у мирі і святості

(Книга Буття 13:9), служив Богові всім своїм тілом, серцем і розумом (Книга Буття 18:1-10), і повністю корився Богові, не додаючи своїх власних думок (Послання до євреїв 11:19; Книга Буття 22:12), тому що він вірив, що Бог міг воскресити мертвих. В результаті Авраам отримав благословення «ГОСПОДЬ нагледить», благословення дітьми, фінансове благословення, благословення міцним здоров'ям та інші (Книга Буття 22:16-18, 24:1).

Що зробив Ной для того, щоби отримати Божі благословення? Він був праведний, невинний у своїх поколіннях і ходив з Богом (Книга Буття 6:9). Коли вода осудження затопила весь світ, лише Ной і його родина уникли суду і отримали спасіння. Оскільки Ной ходив з Богом, Він міг чути голос Бога, приготувати ковчег і привести свою сім'ю до спасіння.

Вдовиця із Сарепти сидонської, про яку написано у 1 Книзі Царів 17:8-16, посадивши зерно віри у Божого слугу Іллю під час трьох з половиною років посухи в Ізраїлі, отримала надзвичайні благословення. Вона скорилася з вірою і послужила Іллі, зробивши йому хліб із останньої пригорщі борошна в дзбанку та олії в горняті. Бог благословив її і виповнив Свої пророчі слова: *«Дзбанок муки не скінчиться, і не забракне в горняті олії аж до дня, як ГОСПОДЬ дасть дощу на поверхню землі».*

За те, що жінка із міста Шунам, історія про яку записана у 2 Книзі Царів 4:8-17, служила і ставилася до Божого слуги Єлисея з найвищою турботою і шаною, вона отримала благословення народити сина. Жінка служила Божому рабу не тому, що хотіла щось отримати у відповідь, але тому що вона щиро любила Бога. Тож зрозуміло, чому жінка отримала Божі благословення.

Також можна твердо сказати, що Бог був цілком задоволений вірою Даниїла і трьох його товаришів. Незважаючи на те, що Даниїла вкинули до лев'ячої ями за те, що він молився Богові, він вийшов звідти неушкоджений, тому що довіряв Богові (Книга Пророка Даниїла 6:16-23). Незважаючи на те, що трьох друзів Даниїла зв'язали і вкинули до палаючої печі, за те що вони не поклонилися ідолові, вони прославили Бога після того, як вийшли з печі неушкодженими (Книга Пророка Даниїла 3:19-26).

Сотник, про якого розповідається в Євангелії від Матвія 8 догодив Богові своєю великою вірою і отримав відповідь від Бога. Коли він сказав Ісусу, що його слуга розслаблений і страждає, Ісус запропонував відвідати його дім і зцілити слугу. Однак, коли сотник сказав: *«Та промов тільки слово, і видужає мій слуга!»* і явив свою щиру віру і велику любов до свого слуги, Ісус похвалив його: *«Навіть серед Ізраїля Я не знайшов був такої великої віри!»*

Оскільки людина отримує Божі відповіді відповідно до віри, слуга сотника у ту ж мить одужав. Алілуя!

Існують ще приклади. В Євангелії від Марка 5:25-34 ми бачимо віру жінки, яка протягом дванадцяти років була хворою на кровотечу. Вона лікувалася у багатьох лікарів і витратила багато грошей, але стан її здоров'я не покращився. Коли жінка почула про Ісуса, вона повірила, що вилікується лише доторкнувшись до Його одягу. Коли жінка підійшла ззаду до Ісуса і доторкнулася до Його одежі, у ту саму мить вона одужала.

Яке серце мав сотник на ім'я Корнилій, про якого написано у Книзі Дії 10:1-8, і яким чином він, язичник, служив Богові так, що вся його родина отримала спасіння? Ми дізнаємося про те, що вся родина була вірною Богові і мала страх Божий. Сотник давав людям щедру милостиню і постійно молився Богові. Тому молитви Корнилія, його милостині бідним людям стали пам'ятним пожертвуванням для Бога. І коли Петро прийшов у його дім поклонитися Богові, всі члени родини Корнилія отримали Святого Духа і почали говорити іншими мовами.

У Книзі Дії 9:36-42 ми читаємо про жінку на ім'я Тавіта (що у перекладі Сарною зветься), яка повна була добрих вчинків та милостині до бідних. І трапилося тими днями, що вона занедужала й умерла. До Петра послали двох мужів, що благали. Петро прийшов, став навколішки, помолився і вернув Тавіту до життя.

Коли Божі діти виконують свої обов'язки і догоджають своєму Отцеві, живий Бог виконує бажання їхнього серця і в усьому чинить добро. Якщо ми щиро віримо у це, ми протягом всього життя будемо завжди отримувати Божі відповіді.

Під час консультацій або розмов я час від часу чую про людей, які колись мали велику віру, добре служили у церкві і були вірними, але після випробувань і страждань залишили Бога. Я кожного разу відчуваю горе, коли бачу нездатність людей духовно розрізняти.

Якщо люди мають істинну віру, вони не залишать Бога навіть під час випробувань. Якщо вони мають духовну віру, вони радітимуть, будуть вдячними, молитимуться навіть у часи випробувань і страждань. Вони не зрадять Бога, не спокусяться, не втратять свою опору у Ньому. Інколи люди можуть бути вірними, сподіваючись отримати благословення або бути визнаними кимось. Але молитва віри, яка сповнена надії на випадковість може бути легко визначена за відповідними результатами. Якщо одна людина молиться, маючи духовну віру, найбільш вірогідно, що така молитва супроводжуватиметься справами, які догоджають Богові, і людина прославить Бога, одне за одним виконуючи бажання свого серця.

Маючи Біблію, яка є нашим путівником, ми розглянули, яким чином наші праотці віри являли свою віру Богові, як вони могли догодити Йому і виконати бажання свого серця. Оскільки Бог благословляє, як обіцяв, всіх, хто догоджає Йому: Тавіту, яку Він воскресив, бездітну жінку із міста Шунам, яку Він благословив народженням сина, жінку, яка протягом 12 років страждала на кровотечу, давайте будемо вірити і сфокусуємо свій погляд на Ньому.

Бог говорить нам: *«Щодо того твого коли можеш, то тому, хто вірує, все можливе!»* (Євангеліє від Марка 9:23). Якщо ми віримо, що Бог може покласти кінець будь-яким проблемам, якщо ми повністю довіряємо Йому всі проблеми стосовно нашої віри, хвороб, дітей, фінансів, і покладаємося на Нього, Він обов'язково потурбується про все (Книга Псалмів 36:5).

В ім'я Господа нашого Ісуса Христа я молюся про те, щоби ви, догоджаючи Богові, який ніколи не обманює, але виконує обіцяне, виконували бажання свого серця, прославляли Його і жили благословенним життям!

Автор:
Доктор Джерок Лі

Доктор Джерок Лі народився у 1943 році у Муані, провінція Джеоннам, Республіка Корея. До тридцяти років на протязі семи років доктор Лі страждав від невиліковних хвороб і мав померти, не маючи надії на одужання. Одного дня навесні 1974 року його сестра привела його до церкви. І коли він став на коліна і помолився Богові, Бог зцілив його від усіх хвороб.

З того моменту, коли доктор Лі пізнав живого Бога через такий чудовий випадок, він щиро полюбив Бога усім серцем. А у 1978 році Бог покликав його на служіння. Джерок Лі палко молився про те, щоби ясно зрозуміти волю Бога та повністю виконати її. У 1982 році він заснував Центральну Церков Манмін у Сеулі, Південна Корея, а також почав виконувати численні Божі справи. У церкві почали відбуватися чудесні зцілення і дива.

У 1986 році доктор Лі отримав духовний сан пастора Щорічної асамблеї християнської церкви Сункюл, Корея. А через чотири роки, у 1990 році, його проповіді почали транслюватися в Австралії, Росії і на Філіпінах. Через деякий час ще більше країн отримали змогу чути радіопрограми завдяки роботі Радіотрансляційної кампанії Далекого Сходу, Широкомовної станції Азії та Християнського радіо мережі Вашингтон.

Через три роки, у 1993, журнал *Християнський світ* (США) оголосив Центральну Церкву Манмін однією з «50 найбільших церков світу». Доктор Лі отримав почесний ступінь доктора богослов'я у Коледжі Християнської віри, Флоріда, США. А у 1996 році – ступінь доктора духвництва у Теологічній семінарії Кінгсвей, Айова, США.

З 1993 року доктор Лі керує всесвітньою місією, проводить багато кампаній у Танзанії, Аргентині, Латинській Америці, Місті Балтимор, на Гаваях, у місті Нью-Йорк (США), в Уганді, Японії, Пакистані, Кенії, на Філіппінах, у Гондурасі, Індії, Росії, Німеччині, Перу, Демократичній Республіці Конго, Ізраїлі та Естонії.

У 2002 найбільша християнська газета Кореї назвала Джерок Лі «Всесвітнім пастором» за його роботу у багатьох великий об'єднаних кампаніях, що проводилися за кордоном. Особливо його «Кампанія Нью-Йорк 2006», яка проводилася у Медісон Сквер Гарден, найвідомішій у світі арені, транслювалася для 220 країн світу. Під час «Ізраїльської об'єднаної кампанії 2009», яка проводилася у Міжнародному Центрі Конвенцій в Ізраїлі, доктор Лі сміливо проголосив Ісуса Христа Месією і Спасителем.

Його проповіді транслюються у 176 країнах світу через супутники, у тому числі телебачення ВМХ. Також доктор Джерок Лі потрапив у десятку найвпливовіших християнських лідерів 2009 і 2010 років за версією найпопулярнішого російського журналу «Ін Вікторі» і нового агентства «Крістіан Телеграф» за його могутнє телевізійне служіння і пасторське служіння за кордоном.

З Листопад 2015 року Центральна Церква Манмін налічує більше 120 000 членів. Вона має 10 000 церков-філій в усьому світі, у тому числі 56 домашніх церков-філій, також відправила більше 103 місіонерів у 23 країни світу, у тому числі США, Росію, Німеччину, Канаду, Японію, Китай, Францію, Індію, Кенію та багато інших.

На момент виходу цієї книжки доктор Лі написав 100 книжок, серед яких є бестселери: *«Відчути вічне життя до смерті»*, *«Моє життя, моя віра I і II»*, *«Слово про хрест»*, *«Міра віри»*, *«Небеса I і II»*, *«Пекло»*, *«Пробудження Ізраїлю»* і *«Сила Бога»*. Його роботи були перекладені більш ніж на 75 мов.

Його статті друкуються на шпальтах видань: *«Ганкук Ілбо»*, *«ДжунАн Дейлі»*, *«Чосун Ілбо»*, *«Дон-А Ілбо»*, *«Мунгва Ілбо»*, *«Сеул Шінмун»*, *«Кунгуан Шінмун»*, *«Економічна щоденна газета Кореї»*, *«Вісник Кореї»*, *«Шіса Ньюс»* та *«Християнська газета»*.

Доктор Лі є головою багатьох місіонерських організацій та об'єднань. Він – голова Об'єднаної церкви святості Ісуса Христа; президент Всесвітньої Місії Манмін; незмінний президент Асоціації всесвітньої місії християнського відродження; засновник і голова правління Всесвітньої християнської мережі (ВХМ); засновник і голова правління Всесвітньої мережі християн-лікарів (ВМХЛ); а також засновник і голова правління Міжнародної семінарії Манмін (МСМ).

Інші відомі книжки автора

Небеса I і II

Детальна розповідь про розкішне оточення, в якому житимуть небесні мешканці, а також прекрасний опис різних рівнів небесних царств.

Моє Життя, Моя Віра I і II

Автобіографія доктора Джерок Лі дозволяє читачам відчути найприємніший духовний аромат, розповідаючи про життя, що цвіте надмірною любов'ю до Бога посеред чорних хвиль, холодного ярма і найглибшого розпачу.

Слово про Хрест

Сильна проповідь пробудження про всіх людей, які перебувають у духовному сні. Із цієї книги ви дізнаєтеся про те, чому Ісус – Єдиний Спаситель, а також про істинну Божу любов.

Міра Віри

Які оселі, вінці та нагороди приготовані для вас на небесах? Ця книга додасть вам мудрості і скерує вас, щоби ви виміряли свою віру, розвивали і вдосконалювали її.

Пекло

Відкрите послання Бога всьому людству. Він бажає, щоби жодна людина не потрапила у пекло. Ви дізнаєтеся про досі невідомі думки щодо жорстокої дійсності Гадесу та пекла.

www.urimbooks.com

www.ingramcontent.com/pod-product-compliance
Lightning Source LLC
LaVergne TN
LVHW010403070526
838199LV00065B/5887